Bad Kissingen
Euerdorf
Wirmsthal
Trimberg
Ramsthal
Engenthal
Sulzthal
Aachtilshausen
Mainberg
Schonungen
Schweinfurt
Main
Bocksbeutel Straße
Haßfurt
Unfinden
Königsberg
Prappach
Krum
Schmachtenberg
Zeil
Ziegelanger
Steinbach
Ebelsbach
Sand
Unterhaid
Oberhaid
Arnstein
Werneck
Waigolshausen
Hergolshausen
Donnersdorf
Oberschwappach
Zell
Eltmann
Weiher
Viereth
Bamberg
Bayreuth
Sulzheim
Falkenstein
Mönchstockheim
Altmannsdorf
Bischwind
Theilheim
Lindach
Kolitzheim
Wipfeld
Stammheim
Gerolzhofen
Dingolshausen
Michelau
Schwanfeld
Obereisenheim
Zeilitzheim
Frankenwinheim
Bergtheim
Krautheim
Gaibach
Obervolkach
Wiebelsberg
Untereisenheim
Fahr
Düttingsfeld
Vogelsburg
Rimbach
Mutzenroth
Handthal
Escherndorf
Astheim
Volkach
Oberschwarzach
Breitbach-Kammerforst
Neusetz
Köhler
Nordheim
Hallburg
Schnepfenbach
Sommerach
Brück
Neuses a.B.
Prichsenstadt
Bocksbeutel Str.
Bamberg
Rottendorf
Dettelbach
Kirchschönbach
Mainstockheim
Kleinlangheim
Abtswind
Albertshofen
Theilheim
Buchbrunn
Großlangheim
Greuth
Repperndorf
Wiesenbronn
Castell
Lindelbach
Kitzingen
Rödelsee
Eibelstadt
Sickershausen
Sulzfeld
Mainbernheim
Nürnberg
Marktsteft
Iphofen
Kleinochsenfurt
Frickenhausen
Willanzheim
Markt Einersheim
Segnitz
Tiefenstockheim
Possenheim
STEIGERWALD
Hüttenheim
Marktbreit
Seinsheim
Obernbreit
Neundorf
Martinsheim
Bullenheim
Krassolzheim
Ippesheim
Sugenheim
Ingolstadt
Reusch
Aisch
Gollach
Weigenheim
Markt Nordheim
Aub
Ulsenheim
Dietersheim
Kaubenheim
Dottenheim
Walddachsbach
Oberntief
Ipsheim
Ergersheim
Weimersheim
Wiebelsheim
Tauberrettersheim
Bad Windsheim
Rothenburg ob der Tauber
Tauber
Tauberzell
Ulm
WeinFranken

Das neue Buch vom Frankenwein

Bitte senden Sie mir Ihr aktuelles **Verlagsprogramm** zu.

Diese Karte entnahm ich dem Buch ____________________

Ich interessiere mich vor allem für Literatur aus den Bereichen

- ☐ Religion/Theologie
- ☐ Gottesdienst/Predigt
- ☐ Gemeindearbeit/Pastoral
- ☐ Lebenshilfe/Meditation
- ☐ Franken/Bayern
- ☐ religiöses Kinderbuch

Folgende Zeitschrift(en) lese ich regelmäßig: ____________________

____

Anmerkungen/Kritik: ____________________

____

HEINRICH HÖLLERL · ALFRED SCHMITT

Das neue Buch vom Frankenwein

echter

Die Deutsche Bibliothek – CIP-Einheitsaufnahme

Höllerl, Heinrich:
Das neue Buch vom Frankenwein / Heinrich Höllerl ; Alfred Schmitt. –
Würzburg : Echter, 1997
ISBN 3-429-01937-0

2., überarbeitete Auflage 2000

Gesamtherstellung: Druckerei Theiss GmbH, A-9400 Wolfsberg
ISBN 3-429-01937-0

Inhalt

Vorwort 9

Mainfranken - Weinfranken 10

Ein kleiner Exkurs zur Entstehung des Weinlandes Franken und zur Geschichte des Weinbaus, insbesondere in Franken . . . 10
Mysterium, Medizin und moderate Droge 23
Wein als Medizin 25
Im Vorhof des Rausches 31
Weinheilige 33

Weinberge einst und jetzt: eine flurbereinigte Betrachtung 38

Weinbau zwischen Ökonomie und Ökologie 52

Bodenpflege 53
Düngung 55
Pflanzenschutz 56
Die Rebsorten 59

Von der Traube in die Flasche: Eine zeitgemäße Beschreibung traditioneller Tätigkeiten 60

Die Weintraube: Reife und Eignung zur Weinbereitung 60
Die Traubenlese 65
Die Arbeit im Kelterhaus 69
Qualitätseinstufung 71
Alkoholische Gärung und Bremser 75
Behandlung und Lagerung des Jungweines 78
Faß oder Tank? 82
Die Abfüllung in die Flasche und das Etikett 85
Weinverkostung und Weinbewertung 90

Oechsle, Säure, Restsüße, Edelfäule:
ein wenig Licht ins Fachchinesisch 94

Oechslegrade und Säurewerte als Reifeindikatoren 94
Die Restsüße im Wein 98
Die Edelfäule: Voraussetzung für kostbare Tropfen 102

Vom Umgang mit Wein 106

Der Weinkeller 106
Wein und Glas 109
Spessartglas und Bocksbeutel 112
Dekantieren des Bodensatzes 115
Naturkork oder Schraubverschluß? 117
Heckenwirtschaften 120

Rebsorten in Franken 123

Das Grundsemester 123
Erstes Fachsemester - oder Frankens Weinadel 128
Zweites Fachsemester - oder die (fast) geschlossene
Buntsandsteingesellschaft der Frankenrotweine 132
Drittes Fachsemester - oder Vergangenes und Vergängliches 133

Genüßliche Weinreise durch Mainfranken 135

Vom Ziegelangerer Ölschnabel zum Iphöfer Julius-Echter-Berg . . . 137
Vom Volkacher Kirchberg zum Randersackerer Pfülben 151
Würzburg 167
Thüngersheimer Ravensburg, Hammelburger Trautlestal
und Homburger Kallmuth 176
Vom Bronnbacher Kemelrain zum Tauberzeller Hasennestle 188
Vom Kreuzwertheimer Kaffelstein zum Klingenberger Schloßberg . 196
Vom Hörsteiner Abtsberg zum Michelbacher Apostelgarten 206

Literatur 212
Bildnachweis 213
Sachregister 214
Die Autoren 217

Vorwort

Im Jahr 1905 veröffentlichte Hofrat Dr. Joseph Balduin Kittel, Syndikus der Handelskammer Würzburg, »Das Buch vom Frankenwein«. Auf 124 Seiten schilderte er in der blumigen Sprache der Jahrhundertwende alles seinerzeit Wissenswerte über den Frankenwein und schrieb in seinem Vorwort: »Eine Weinglocke soll auch dieses Büchlein sein, mit heller, weittragender Stimme und es soll singen das Lob und den Preis des Frankenweins, es soll erzählen von vergangenen weinfrohen Zeiten, es soll aber auch künden die Sorge des Winzers, die Mühe des Kaufmanns und die Freude des Kenners und Trinkers an dem edlen Gewächs, dem Segen fränkischer Erde.«
1958 überarbeitete Dr. phil. habil. Hans Breider, Direktor der Bayerischen Landesanstalt für Wein-, Obst- und Gartenbau von 1959 bis 1973, Kittels Werk gründlich und brachte es nach zwei Weltkriegen auf den zeitgemäßen Stand. Neuzüchtungen, die Leidenschaft Breiders, Flurbereinigung und Winzergenossenschaften hatten seinerzeit den höchsten Stellenwert.
Wir waren der Meinung, daß knapp ein Jahrhundert nach Kittel und knapp ein halbes Jahrhundert nach Breider die Schwerpunkte im fränkischen Weinbau wieder etwas anders liegen, und entschlossen uns zum »Neuen Buch vom Frankenwein«, das zwar eigenständig ins zweite Jahrtausend fränkischen Weinbaus hinüberführen will, aber dennoch der Tradition von Kittel - Breider in Anerkennung verpflichtet ist.
Besonders danken wollen wir neben den Winzern, Kellermeistern und Wirten, die zum Gelingen dieses Buches beitrugen, Herrn Herbert Haas, Randersacker, und Herrn Dr. Heinrich Wirsching, Iphofen. Dank sei auch dem Echter Verlag für die äußerst harmonische Zusammenarbeit und Frau Elisabet Petersen für die bewährte konstruktive Lektoratsarbeit.

Würzburg, im August 1997

Vorwort zur zweiten Auflage

Die überaus große Resonanz auf unser Buch hat nicht nur den Verlag, sondern auch uns überrascht.
Viel gab es nicht zu überarbeiten, aber der Silvaner, die Frankenrebe schlechthin, wurde mittlerweile als Kreuzung enttarnt; dem galt es Rechnung zu tragen.
Franken ist inzwischen auch international als Wahlheimat des Silvaners anerkannt, wie das 1. Internationale Symposium 1999 in Würzburg eindrucksvoll bewiesen hat.

Würzburg, im April 2000

Heinrich Höllerl
Dr. Alfred Schmitt

Mainfranken – Weinfranken

Ein kleiner Exkurs zur Entstehung des Weinlandes Franken und zur Geschichte des Weinbaus, insbesondere in Franken

Mainfranken und Weinfranken kann man getrost als Synonym bezeichnen. Vor etwa 240 Millionen Jahren bedeckte das Triasmeer unser Land; seine letzten Spuren stammen grob aus dem Zeitraum vor etwa 180 Millionen Jahren. In den dazwischenliegenden 60 Millionen Jahren lagerte es die drei Erdschichten ab, die den Hauptnährboden für den Frankenwein abgeben: den Buntsandstein, den Muschelkalk und den Keuper, wobei Buntsand und Muschelkalk fast reine Meeresablagerungen darstellen, während im bunten Keuperboden alle Varianten von Tiefsee über Flachmeer bis Festland mit Flachwasserzonen vertreten sind.
Die eigentliche Landschaftsbildung des heutigen Frankenlandes setzte erst im Tertiär, d. h. vor etwa 40 Millionen Jahren ein, und wieder war es das Wasser mit seiner Erosionskraft, das Täler einsägte, Berge und Ebenen entstehen ließ und schließlich im Zusammenhang mit dem Grabenbruch am Oberrhein eine gigantische Fließrichtungsumkehr der ganzen

Römischer Wassergott Okeanos. Wasserspeier aus einer Villa in Schambach bei Weißenburg in Bayern. Prähistorische Staatssammlung, München

Flußläufe bewirkte, die letztlich die müßige Schlange Main erst entstehen ließ, indem sich alte Nord-Süd-Täler mit neuen Ost-West-Talstücken zusammenschlängelten.

Wie um das Weinland Franken für alle Zeiten als solches in der Geographie festzuschreiben, ergab es sich hierbei, daß das Maindreieck zusammen mit der Fränkischen Saale und dem Oberlauf der Wern die deutliche Form einer Weintraube in die Landkarte zeichneten.

Wasser also lieferte den Nährboden, Wasser schuf die zahlreichen Hänge, an denen der Wein erst so richtig zum Kochen kommen kann, und erst vor noch nicht langer Zeit entlarvte das Nitrat im beigefügten Wasser eine Reihe von Weinpanschern. Dionysos, der Weingott, und Okeanos, der Wassergott, halten für alle Zeiten zusammen.

Wir sind erdgeschichtlich noch im Tertiär, dem Erdzeitalter, in dem aus versteinerten Ablagerungen erstmals Laub und Traubenkerne der wilden Weinrebe nachgewiesen sind. Nun folgt weinbaugeschichtlich ein gewaltiger Sprung bis etwa 6000 v. Chr., wo einem vornehmen Menschen in der Nähe von Damaskus eine kleine Traubenpresse mit ins Grab gelegt wurde und damit der bis dato erste Weinbauer lokalisiert werden konnte. Dann jedoch verdichten sich die Nachweise für Weinbau schlagartig: im alten Mesopotamien waren die Schriftzeichen für Wein und Leben identisch, die Ägypter betrachteten Wein bereits als heiliges Getränk und die gesamte griechische Geschichte ist ohne Wein nicht denkbar. Homer erwähnt Wein und Reben in der Ilias 49mal und in der Odyssee gar 85mal.

In der Bibel ist nicht weniger als an 500 Stellen vom Wein die Rede, und Noah pflanzte als erstes Weinreben, nachdem er der Sintflut entkommen war. Das erste Wunder Jesu verwandelt bei der Hochzeit zu Kana Wasser zu Wein.

Der Sprung von der christlichen Liturgie zu den drei Frankenaposteln wäre jetzt bereits ein leichter, aber es gilt noch ein wenig Licht in die Trinksitten unserer Vorfahren vor der Völkerwanderung, der Kelten und der Germanen zu bringen und vor allem dem zweiten klassischen Weinvolk der Antike, den Römern, unsere Reverenz zu erweisen.

Sowohl die Kelten als auch die Germanen waren große Weinliebhaber, wobei sie bis heute nur als Weinimporteure bekannt sind; dies beweisen die zahllosen etruskischen Transportamphoren genauso wie die in keltischen Gräbern gefundenen etruskischen Weingeschirre, meist bestehend aus Schnabelkanne, Trinkschalen oder Trinkhörnern. Die Germanen bezogen ihren Wein hauptsächlich von den Römern, wie aus schriftlichen Quellen ersichtlich ist, und zwar zuerst aus dem Stammland und später in

Einen reichen Schatz an Weinmotiven birgt die Antikensammlung des Martin von Wagner-Museums in Würzburg. Diese griechische Amphore zeigt den Weingott Dionysos mit Satyrn in der Weinlaube vor einem Pithos, einem großen Gefäß, aus dem er mit einer Trinkschale Wein zu schöpfen scheint. Um 520 v. Chr.

zunehmendem Maße aus der Provinz. So ist der mittlerweile fast lückenlos auch über die Zeit der Völkerwanderung hinweg nachgewiesene Weinbau an der Mosel von dem dort ansässigen römisch-gallischen Mischvolk wohl hauptsächlich dem Umstand zu verdanken, daß die eindringenden Germanen sich ihre gewohnte Weinquelle erhalten wollten.

Und nun wären wir bei den Römern und den möglichen Weinbauspuren in Franken, die zwar noch nicht nachgewiesen werden konnten, aber gleichwohl in der prähistorischen Luft liegen. Denn überall, wo römisches Kulturgut unsere Lande erreichte, wurde nicht nur Wein getrunken, sondern auch angebaut, dies beweisen die Ergebnisse an der Mosel genauso wie die in Winzer bei Regensburg; der Limes als Grenze der römischen Macht stieß vom Odenwald herkommend bei Miltenberg an den Main und verlief von dort als nasse Grenze weiter nordwärts bis Aschaffenburg. Es wäre also durchaus naheliegend, daß der fränkische Weinbau schon bis auf die Zeitenwende zurückreicht und seine Wurzeln vielleicht in Weilbach oder in Obernburg entdeckt werden. Vielleicht liegen sie aber doch in Würzburg, das dem Geographen von Ravenna im fünften Jahrhundert n. Chr. bereits als Stadtwesen bekannt war.

Doch begeben wir uns nun auf mehr oder weniger festen historischen Boden und feiern weiterhin die heilige Thekla, die erste Äbtissin des Benediktinerinnenklosters Kleinochsenfurt, und Kitzingens erste Äbtissin St. Adelheid, die in Wirklichkeit Hadeloga hieß und die Schwester König Pippins war, als Begründerinnen des Weinbaus in Franken. Ihr segensreiches Wirken wäre jedoch ohne die Christianisierung Frankens gar nicht möglich geworden, womit wir endlich bei den drei Iroschotten Kilian, Kolonat und Totnan wären, denen man nachsagt, sie hätten ihren Meßwein noch im Reisegepäck mitgeführt.

Sie brachten Franken den christlichen Glauben und gaben ihr Leben dafür. Ihr Blut mußte fließen, damit fürderhin in der christlichen Eucharistie Wein zu Blut werden konnte; es ist somit auch nicht mehr als recht und billig, daß der heilige Kilian neben der Gottesmutter und dem heiligen Urban als klassischer Weinheiliger verehrt wird.

Zeitlich gesehen sind wir mittlerweile mit den beiden Weinäbtissinnen an der Wende vom siebten zum achten Jahrhundert n. Chr. angelangt, und es erscheinen nun auch die ersten schriftlichen Nachweise über den Weinbau in Franken, und zwar als erstes in einer Schenkungsurkunde an das Kloster Fulda aus dem Jahr 777, welches das Königsgut Hammelburg mit acht Weinbergen (das heutige Schloß Saaleck mit dem Schloßberg) zugeeignet bekam. Würzburg folgt nur wenig später, und zwar am 14. des Weinmonds im 12. Regierungsjahr Karls des Großen, d. h. am 14. Oktober 779, wo es in einer auf Befehl des Kaisers angefertigten Markungsbeschreibung zwischen Würzburg und Randersacker heißt: »Danan in stachenhoug, danan in wolfgruoba, danan duruh den fredthantes wingarton mitten in die

Martyrium der Frankenapostel Kilian, Totnan und Kolonat. Main, St. Burkard und Marienberg kennzeichnen den Ort des Geschehens. Spätgotischer Altar im Martin von Wagner-Museum, Würzburg

egga ...«. Der Weingarten des freien Franken Fredthant im Alandsgrund ist seither der erste schriftliche Beweis für Weinbau in Würzburg.

Unsere Theorie auf einen wesentlich älteren Weinbau in Franken wird in diesen beiden ersten Schriftquellen wieder deutlich untermauert, denn acht Weinberge und auch nur ein guter Weinberg entstehen nicht in einem Jahr; außerdem gibt es da noch einen ziemlich deutlichen Beweis kurz vor dem Jahr 800, nämlich die Verordnung Karls des Großen »Capitulare de villis vel curtis imperii«, welche besagt, daß in allen königlichen Gütern mehr Weingärten anzulegen seien – mehr bedeutet, daß bereits etliche vorhanden waren.

Der Segen für den Weinbau war jedenfalls von kirchlicher wie weltlicher Obrigkeit gegeben. Hinzu kam noch ein klimatischer, der bis etwa zum Ende des Mittelalters um 1500 andauerte und dem Frankenland eine

etwas höhere Jahresdurchschnittstemperatur als heute bescherte, so daß zur Hochblüte des Weinbaus die Anbaufläche in Franken sage und schreibe siebenmal so groß wie heute war, sich bis an den Obermain erstreckte und rund 40 000 ha umfaßte.
Klimatisch bedingt und politisch durch die furchtbaren Auswirkungen von Bauernkrieg, Markgräflerkriegen und Dreißigjährigem Krieg verstärkt, begann ab dem 16. Jahrhundert der Rückgang des Weinbaus, wenngleich zu Beginn des 19. Jahrhunderts die Weinbaufläche mit rund 12 000 ha noch immer zweimal so groß wie heute war und die Pfalz mit seinerzeit 10 500 ha noch deutlich übertraf, während die Pfalz heute eine Fläche von 22 800 ha aufweist und damit nur etwa 500 ha unter dem größten deutschen Anbaugebiet Rheinhessen liegt.
Der Weinbau stand bis zur Säkularisation deutlich unter der Prämisse der Quantität, hauptsächlich deshalb, weil es möglich war, den Zehnten, also die Hauptsteuerlast, in Naturalien und somit auch in Wein abzuleisten. »Masse vor Klasse« war die logische Konsequenz.
Hinzu kam, daß der Wein das Grundgetränk der Bevölkerung war und wesentlich höhere Trinkmengen als heutzutage durchaus alltäglich waren. Man kann davon ausgehen, daß im 16. Jahrhundert, als der Weinkonsum in Franken seinen Höhepunkt erreichte, in Weingegenden pro Tag und pro Kopf der Bevölkerung, d. h. die Frauen miteingerechnet, locker 5 Maß zu je 1,22 Liter getrunken wurden. Allerdings war der Alkoholgehalt des seinerzeitigen Massengutes deutlich niedriger als heutzutage. Und man benötigte vielerorts auch den Wein, um das Wasser trinkbar zu machen. Schon die Römer wußten um die bakterizide Wirkung des Weins, befahlen doch die römischen Feldherren ihren Söldnern, niemals Wasser alleine, sondern nur mit Wein gemischt zu trinken, ganz gleich, wo sie gerade Krieg führten.
Neben den Massenweinbergen mit zwanzig und mehr Sorten und Erträgen bis zu 60 Hektolitern gab es jedoch immer schon Qualitätsweinberge mit wenigen Sorten und einem geringen Hektarertrag von 7–15 Hektolitern. Auch ließ sich der gute Wein stets immer schon zu guten und bis zu zehnmal höheren Preisen als der mindere Wein verkaufen, der maximal 3–12 Pfennige pro Liter einbrachte und von dem die Gothaische Handelszeitung 1787 schreibt: »Der ganze Absatz würde vielleicht nicht die Hälfte oder den dritten Teil der Frankenweine wegnehmen, wenn nicht Weinhändler in Frankfurt oder in anderen Städten am Rhein sich derselben erbarmen würden.«
Nach der Säkularisation, der bereits die Vereinigung von Pfalz und Bayern und damit pfälzischer Weinimportdruck vorausgegangen war – die

bayerischen Herzöge und Könige hatten, als die Pfalz zu Bayern kam, den Pfalzwein sehr gefördert und hoffähig gemacht –, ergab sich, beginnend von der äußerst schlechten Vermarktungslage minderen Weines über die neuen französischen Weinimporte infolge der Allianz Frankreich–Bayern noch ein gewichtiger Grund für den dramatischen Rückgang im Weinanbau: Ab 1830 mußten Grundsteuer, Weinzehnt, Grundzins und Weingült nebst einigen anderen Abgaben in barem Geld entrichtet werden. Zusätzlich erwuchsen dem Wein durch das starke Vordringen des Bieres und den gleichzeitigen Siegeszug des Bohnenkaffees zwei entscheidende Konkurrenten, die die Trinkgewohnheiten von Grund auf veränderten. Hinzu kam, daß viele Klöster und Stifte aufgelöst wurden, es gab Handelsschranken und Zölle auf den Wein, und mit der Industrialisierung gab es die Möglichkeit eines sicheren Broterwerbs, so daß man den schwierigen Weinbau aufgab. Rückgänge in der Anbaufläche, vor allem in minderen Lagen, von 150 ha pro Jahr waren die Folge.

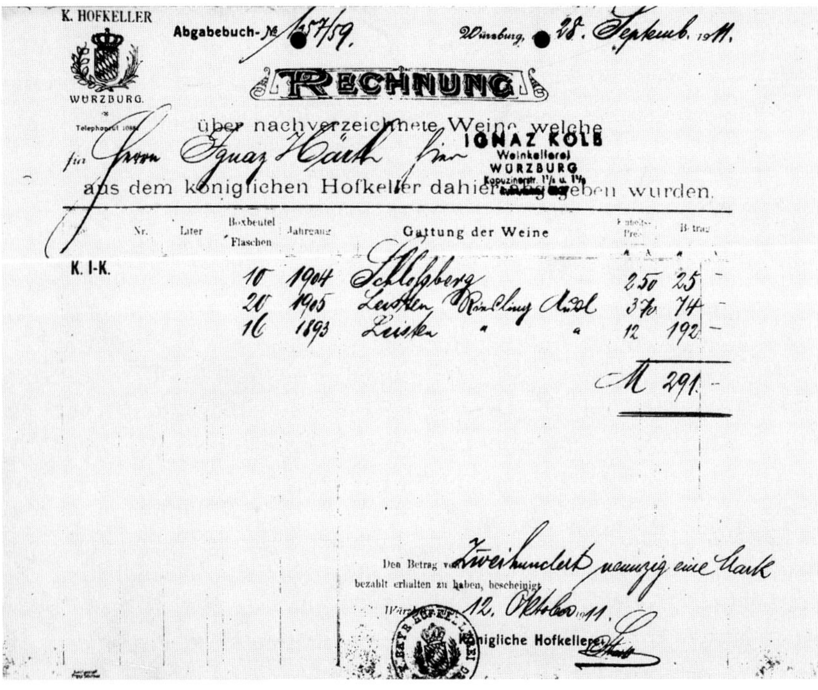

K. HOFKELLER
WÜRZBURG

Abgabebuch-№ 157/59. Würzburg, 28. Septemb. 1911.

RECHNUNG

über nachverzeichnete Weine welche

für Herrn Ignaz Kolb hier

IGNAZ KOLB
Weinkellerei
WÜRZBURG

aus dem königlichen Hofkeller dahier abgegeben wurden.

Nr.	Liter	Boxbeutel Flaschen	Jahrgang	Gattung der Weine	Einheits-Preis	Betrag
K. I-K.		10	1904	Schloßberg	2.50	25 –
		20	1905	Leisten Riesling Auslese	3.70	74 –
		16	1893	Leisten " "	12	192 –
					M	291 –

Den Betrag von Zweihundert neunzig eine Mark
bezahlt erhalten zu haben, bescheinigt
Würzburg, 12. Oktober 1911.
Königliche Hofkellerei

Rechnung des Königlichen Hofkellers an die Firma Ignaz Kolb, Würzburg, aus dem Jahre 1911

Jubiläums-Preisliste der Firma Meuschel jr., Kitzingen, aus dem Jahre 1895

Es hatte zwar schon im 18. Jahrhundert Stimmen gegeben, die zu einem Umdenken von Quantität nach Qualität aufriefen wie den Marktbreiter Winzer und Weinhändler Johann Christian Fischer. Er schreibt in seinem 1782 erschienenen Buch »Der Fränkische Weinbau und die daraus entstehenden Produkte patriotisch und physikalisch beschrieben«: »Wenn künftig meine Landsmänner die besten Gattungen Weintrauben, und jede besonders pflanzen; die Zöglinge sorgfältig und natürlich behandeln, fruchtbares, kurzes und nicht vieles Holz anschneiden, die Erde fleißig umgraben; das überflüssige Holz, das dem guten die Nahrung entzieht, ausbrechen; die Reben an die Wände ziehen, oder dem runden Stock durch geschicktes Abblatten mehr Sonne und Luft verschaffen; bey der Weinlese die Trauben auswählen, und solche sorglich ihrer Kämme befreyen; jede Gattung Mostes besonders behandeln, und die eindringende Luft, als die Pest des Weines abhalten; endlich ablassen (vom Trub abziehen) wie ich es erwehnet habe: so wird niemand träumen, den guten Frankenwein verachten, sondern er wird sich durch seine vorzüglichen Eigenschaften empfehlen. Kein edler Franke lasse sich mehr einfallen, seinen guten Weinen die Masque fremder Weine zu geben.«

Während der Kriegsjahre um die Wende des 18. zum 19. Jahrhundert waren Sorten gepflanzt worden, welche mehr der Quantität als der Qualität dienten, wenngleich die fürstbischöflich würzburgische Regierung in der Zeit von 1702 bis 1801 die vier Traubensorten Tauberschwarz, Elbling, Hammelhoden (Trollinger) und sogar den Österreicher (Silvaner) im Mischsatz verboten hatte. Auch waren die Weinberge überaltert und durch eine mangelhafte Bewirtschaftung in weiten Teilen des Landes heruntergekommen.
Der Weinbaupionier Dr. Peter Ungemach, Rentbeamter beim Bürgerspital in Würzburg, auf dessen Initiative hin im Jahre 1836 der Fränkische Wein-

Das sogenannte Schwedenfaß im Staatlichen Hofkeller Würzburg aus dem Jahre 1684

Blick in den Stückfaßkeller unter der Würzburger Residenz. Stich aus »Der Königliche Hofkeller zu Würzburg« von Michael Oppmann, 1849

bauverein gegründet worden war, erkannte die (schlechten) Zeichen der Zeit. Er bemängelte die ungenügende fachliche Ausbildung der Winzer und regte die Gründung einer Weinbauschule an, die jedoch noch 40 Jahre auf sich warten ließ.

Auch wußte Ungemach um die Fortschritte in der Kultur der Rebe und der Bereitung hochwertigerer Weine am »Ober- und Mittelrhein«, was ihn zu dem Vorschlag veranlaßte, fränkische Winzer auf Kosten des Weinbauvereins dorthin zu schicken. Seinem Begehren wurde entsprochen, und bald wußte man in Franken um diese Neuerungen in der Rebkultur und begann sie hier umzusetzen.

Weinberge wurden unter großem finanziellen Aufwand gerodet und neu angelegt, wobei man vor allem den Qualitätsrebsorten Riesling, Traminer, Ruländer und Schwarzklävener (Spätburgunder) den Vorzug gab. Es wurde mehr und mehr Wert auf reinsortige Pflanzung gelegt und man machte sich die Vorteile der geradzeiligen Rebenerziehung zunutze. Ebenso lernte man, Lesetermin und Traubenreife aufeinander abzustimmen.

Auch die Kellereinrichtungen waren zu verbessern, sie mußten den neuen weinbaulichen Maßnahmen angepaßt werden. Die meist erst versuchsweise angebauten Rebsorten, die nach verschiedenen neuen Erkenntnissen in Anbau und Ernte gewonnenen Trauben mußten separat verarbeitet und zu Wein bereitet werden. Deshalb ersetzte man die großen Fässer in den Kellern durch kleinere Einheiten, eben den Versuchsbedingungen angepaßt.
So kam der damals »Königliche Hofkeller« unter der Würzburger Residenz zu seinem berühmten »Stückfaßkeller«, der »guten Stube« des Hauses, die über unzählige festliche Weinproben erzählen könnte. In diesem mächtigen Keller nutzte man die Höhe der Gewölbe, indem man Doppellager erstellte, auf denen schließlich 104 Fässer mit je etwa 1100 Liter Fassungsvermögen in vier Reihen Platz fanden. Der erste staatliche »Versuchskeller« war geboren. Ein Glück, daß dieser Keller der Zerstörung bei Kriegsende entging und noch heute in seiner ursprünglichen Form für festliche Veranstaltungen zum Wohle des Frankenweins zur Verfügung steht.
Die Maßnahmen hatten Erfolg, die Auswirkungen auf die Qualität und den Ruf des Frankenweins waren sehr positiv.
Ebenfalls ein Pionier ersten Ranges in Sachen Pflanzung besserer Sorten, reinsortigem Anbau, geradzeiliger Rebenerziehung mit sortenreinem Weinausbau war der Bärenwirtsohn Sebastian Englert aus Randersacker (1804–1880). Er gründete 1874 im Mönchshof die erste Weinbauschule in Franken, er sorgte für eine Aufbewahrung der Randersackerer Winzerskinder, er begann mit der Kreuzung von Sorten mit dem Ziel der Ertragssteigerung und züchtete bereits 1853 aus Riesling x Silvaner die ertragreiche, aber leider sehr spät reifende Sorte Bukettrebe, die auch »Bocksbeutelrebe« genannt wurde. Er hatte auch das im Jahrhundert zuvor ausgesprochene Verbot des Österreichers (Silvaner) kritisiert, indem er darauf hinwies, daß man bei dessen Pflanzung nicht immer die erforderliche gute Weinbergslage auswählte. Er verhalf dem Silvaner wieder zu dem ihm gebührenden Stellenwert.
Zum Altmeister der deutschen Rebenzüchtung wurde der Edenkobener Gustav Adolf Froelich (1847–1912). Sein Gedankengut griff der Marktbreiter Ökonomierat August Ziegler in der königlichen Lehranstalt für Wein-, Obst- und Gartenbau in Veitshöchheim auf, indem er bereits 1914 in der Veitshöchheimer Lage Loden einen Rebenzuchtgarten für die Sorten Riesling, Silvaner und Müller-Thurgau anlegen ließ. Tatkräftig unterstützte ihn dabei der fränkische Landesinspektor für Weinbau, August Dern, der die Müller-Thurgau-Rebe wieder aus der Schweiz mitbrachte

Die Würzburger Weinbergslage Schloßberg mit Festung und Burkarderkirche im Morgendunst

und erstmalig im Jahr 1913 in einem Versuchsgarten Lohr-Sendelbach anpflanzte.

In der Lage »Würzburger Schloßberg«, am Hang zwischen der Kirche St. Burkard und der Feste Marienberg gelegen, gibt es den sicherlich ältesten Müller-Thurgau-Weinberg zumindest Frankens. Er geht auf das Pflanzjahr 1925 zurück. Man findet dieses Kleinod innerhalb des etwa zwei Hektar großen Schloßbergs, wenn man den Weinwanderweg zur Feste Marienberg begeht, der hinter St. Burkard seinen Anfang nimmt. Rechts der Treppenstufen, gleich am Fuße des Weinbergs, kann man die alten Stöcke an ihrem mächtigen Stamm erkennen. Interessant ist auch zu erwähnen, daß diese alten Stöcke nicht veredelt oder gepfropft wurden, sondern daß es sich um »wurzelechte« Reben handelt. Hier steht also noch Pflanzmaterial aus den Anfängen der Müller-Thurgau-Rebe in Franken.

Hatten die vorgenannten Gründe den fränkischen Weinbau schon deutlich gezehntet, so suchte ab 1902 noch eine weitere Geißel die Wengerte heim: die aus Erfurt eingeschleppte Reblaus, die erstmals in Sickershau-

sen festgestellt wurde und die fränkische Anbaufläche nochmals halbierte (1895 gegenüber 1922). Gott sei Dank griff ab 1920 die bisher einzig aktenkundige kulturelle Großtat Amerikas, indem durch Rückkreuzungen von europäischen Reben mit amerikanischen Wildsorten reblausresistente »Unterlagen« gezüchtet wurden. Diese erfolgten am Kaiser-Wilhelm-Institut Berlin-Müncheberg, Außenstelle Naumburg, wo sich Carl Börner (1880–1953) mit diesbezüglichen Kreuzungs- und Selektionsarbeiten besondere Verdienste erworben hat.
Man kann den absoluten Tiefpunkt im fränkischen Weinbau also für die Zeit nach dem Ersten Weltkrieg konstatieren. Für eine Erholung blieb wenig Zeit, so daß der kontinuierliche Aufschwung eigentlich erst nach dem Zweiten Weltkrieg und nach der Währungsreform einsetzte.
Neben dem bereits deutlich vollzogenen Schritt zum Qualitätsweinbau waren zwei Faktoren für diesen Aufschwung maßgebend: die Gründung der Winzergenossenschaften und die Weinbergsflurbereinigungen.
In den knapp sechzig Jahren zwischen der Gründung der ersten Winzergenossenschaft in Sommerach im Jahr 1901 und dem Zusammenschluß von acht örtlichen Winzergenossenschaften zur Gebietswinzergenossenschaft Franken im Jahr 1959, der sich danach noch weitere vier Kelterstationen anschlossen, hat sich die Statistik wie folgt geändert: Zu Beginn dieses Jahrhunderts mußten 62 % des fränkischen Weinangebotes von Kleinstwinzern mit einer Rebfläche von unter 1 ha vermarktet werden, während 1970 42,5 % des Frankenweines über die Genossenschaften vermarktet wurden, wobei die Durchschnitts-Flächengröße des Einzelmitglieds immer noch bei mageren 0,40 ha lag. Heute liegt der Vermarktungsanteil von Genossenschaften und Erzeugergemeinschaften bei 53 %, die Durchschnitts-Flächengröße bei 0,7 ha.
Seit der ersten Weinbergsflurbereinigung in Erlenbach bei Marktheidenfeld im Jahr 1954 wurden mittlerweile rund 3200 ha Weinberge flurbereinigt, was etwas mehr als die Hälfte der derzeitigen Gesamtanbaufläche von 6300 ha ausmacht.
Winzergenossenschaften und Weinbergsflurbereinigungen haben den Frankenweinanbau entscheidend beeinflußt; es wurden zwar viele Fehler, teilweise sogar nicht mehr gutzumachende begangen – unterm Strich bleibt dennoch das Positive, denn wäre über die Genossenschaften nicht die Vermarktung gesichert worden und hätte die Flurbereinigung nicht die unseligen Folgen der fränkischen Realteilung im Erbrecht beseitigt, könnten wir heute Kleinstwinzer samt ihren Wengerten allenfalls noch in einem Freilandmuseum besichtigen.

Den Genossenschaften war eine Geschmacksnivellierung und eine zeitweise recht kritiklose Huldigung des Zusatzes von Süßreserve (Traubenmost) zur »Geschmacksabrundung« des Weins anzulasten, die jedoch mittlerweile der Vergangenheit angehört; die Flurbereinigung hat aus ökologisch vielfältigsten Lebensräumen teilweise seelenlose Monokulturen gemacht, aber es ist noch nicht aller Tage Abend und vielleicht folgt dem Wettbewerb »Unser Dorf soll schöner werden« und der Umbenennung der Flurbereinigungsämter in »Ämter für ländliche Entwicklung« eines Tages noch der Wettbewerb »Unser Weinberg soll ökologischer werden«. Deutlich wohltuende Ansätze hat es hierfür bereits in Ziegelanger gegeben, wo die Unterhänge bei der Bereinigung mehr oder weniger dem Kommerz geopfert wurden, dafür aber Mäuerchen, Hecken und Kleinstrukturen aller Art im Oberhang erhalten geblieben sind.
Noch eine Bereinigung war aus Vermarktungsgründen sicher nötig, nämlich die der Weinbergslagen, und es war wohl auch legitim, daß man renommierte ehemalige Kleinlagen wie Volkacher Kirchberg, Kitzinger Hofrat oder Thüngersheimer Ravensburg zu Großlagen umtaufte. Auch hier ist der Bumerang bereits wieder zurückgekommen, indem nämlich diese Lagen in Kennerkreisen nur noch sehr kritisch und erzeugerbezogen gesehen werden; vielleicht gibt es auch hier dereinst eine Zweitbereinigung, und Escherndorfer Eulengrube, Iphöfer Kammer und Würzburger Heinrichsleite feiern wieder fröhliche Urständ.

Mysterium, Medizin und moderate Droge

Seit dreieinhalbtausend Jahren wird der Wein samt seiner Wirkung als Bindeglied zwischen diesseits und jenseits gefeiert. So alt ist zumindest die älteste bisher nachgewiesene Darstellung von Weinlese- und Kelterszenen in der Grabkammer Sennefers, des Bürgermeisters von Theben zur Zeit des ägyptischen Pharaos Amenophis II. Nur das heilige Getränk Wein, das man auch dem Weingott Osiris opferte, war würdig, Könige ins Jenseits zu begleiten.
Bei den Griechen galt der Weinrausch während der Dionysosfeste als göttliche Offenbarung. Das beredteste Zeugnis von der zentralen Bedeutung des Weines für das gesamte geistige und kulturelle Leben in Griechenland legen die zahlreichen Weinzitate Homers in der Ilias und der Odyssee ab.

Auch Darstellungen auf Sarkophagen aus der römischen Kaiserzeit zeigen das selige Treiben des Gottes Dionysos oder Bacchus samt seiner Gefolgsschar und verheißen somit ebenfalls Seligkeit im Jenseits.
Auf die entscheidende Rolle des Weins im Alten Testament haben wir bereits hingewiesen. Darstellungen, welche die ewige Seligkeit oder die Erlösung des Volkes Israel beschreiben, haben immer mit Wein zu tun: So beschreibt der Prophet Joël den Tag, an dem der Herr die zerfallene Hütte Davids wiederherstellen wird, als den Tag, an dem die Berge von Most triefen und die Hügel überfließen, und beim Propheten Jesaia heißt es: »Der Herr wird für alle Völker ein Festmahl geben mit den feinsten Speisen, mit besten erlesenen Weinen.«
Der alttestamentliche Zorn Gottes über das undankbare Volk Israel entzündet sich ebenfalls bei Jesaia: »Ich allein trat die Kelter, von den Völkern war niemand dabei. Da zertrat ich sie voll Zorn, zerstampfte sie in meinem Grimm. Ihr Blut spritzte auf mein Gewand und befleckte meine Kleider.

Ein Motiv aus dem Alten Testament: Als Zeichen für die Fruchtbarkeit des Gelobten Landes bringen die Kundschafter des Volkes Israel, Josua und Kaleb, eine große Traube aus Kanaan mit. Wandbild an einem Haus in Maggia, Tessin

Denn ein Tag der Rache lag mir im Sinn und das Jahr der Erlösung war gekommen.« Im Buch Genesis wird bereits die Erlösung durch Jesus Christus angedeutet: »Er bindet an einen Weinstock sein Reittier, seinen Esel an eine Edelrebe. Im Wein wäscht er sein Kleid, im Traubenblut sein Gewand«. Jesu erstes Wunder zu Kana will denn auch bedeuten, daß er den neuen besseren Wein bringt, den man in seinem ewigen Reich trinken wird.

Christus in der Kelter. Alabasterrelief am Taufstein der Stadtpfarrkirche von Bayreuth

In allen beschriebenen Kulturen und Religionen wird die berauschende Wirkung des Weines mehr oder weniger selbstverständlich miteinbezogen und ein Weingenuß in Maßen niemals angekreidet. Sogar in unserer christlichen Religion bricht der Weingenuß nicht einmal das Fasten: »Liquidum non frangit ieiunium«.

Unser verehrter Altbundespräsident Heuss, der als einer der ersten wieder aus dem neuerstandenen Drei-Liter-Weinkauzen in Ochsenfurt getrunken hat, brachte die Gratwanderung zwischen Weingenuß und Rausch einmal so auf den Punkt: »Wer Wein trinkt, betet, wer Wein säuft, sündigt.«

Wein als Medizin

Bevor wir eine kleine Betrachtung über die abendländische Droge Wein anschließen, wollen wir noch einen kleinen Exkurs über Wein in der Medizin zwischenschalten.

Hippokrates (460–377 v. Chr.), der berühmte Arzt der Antike und Begründer der klinischen Beobachtung, hat schon früh die Wirkung des Weines gegen verschiedene Krankheiten erkannt und durch eigene wissenschaftliche Untersuchungen untermauert. Seine Erkenntnisse nutzte unter anderem der römische Feldherr Julius Cäsar, der seinen Soldaten auf Feldzügen täglichen Weinkonsum gegen die Darmkrankheiten Typhus, Ruhr

Pestmedaille, die der Würzburger Fürstbischof Peter von Dernbach im Jahre 1681 prägen ließ. Mainfränkisches Museum Würzburg

und Cholera verordnete. Auch durften die Legionäre Wasser nur gemischt mit Wein trinken.

Wein ist, so schreibt der Philosoph Plutarch im ersten Jahrhundert n. Chr. »unter den Getränken das nützlichste, unter den Arzneimitteln das süßeste und unter den Speisen die angenehmste«.

Hildegard von Bingen, Äbtissin, Mystikerin und Ärztin zugleich, schrieb im 12. Jahrhundert: »Der Wein heilt den Menschen und macht ihn fröhlich durch seine Wärme und seine große Kraft.«

Sie rühmte die heilende Kraft des fränkischen Weins vor dem der übrigen deutschen Lande, da dieser das Blut gleichsam aufwallen ließe.

Der Würzburger Fürstbischof Peter Philipp von Dernbach (1675–1683), dem das Volk den Spitznamen »Peter Lustig« gab, ließ 1681 eine Münze prägen, die den Frankenwein als Heilmittel gegen die Pest propagieren sollte. Die Münze, die wir im Mainfränkischen Museum Würzburg bewundern können, zeigt die Erdkugel mit dem Tierkreis und ein mit Reben reich umschlungenes Kreuz mit der Umschrift »Vincit et sanat«: Er (der Frankenwein) besiegt (die Krankheit) und heilt. Tatsächlich war die Pest in Würzburg auch von deutlich kürzerer Dauer als andernorts und forderte wesentlich weniger Opfer. Armaldus de Villa Nova, ein katalanischer Arzt, der um 1300 an der berühmten Schule der Medizin von Montpellier lehrte, schrieb ein Buch über den Wein und seine Heilkräfte und darin über alten Wein: »Gar gesund ist alter Wein, eine wahre Arzeney ... er verfeinere den Denkspiritus und lasse die Gedanken schneller ablaufen. Deshalb sollen ihn vor allem die Würdenträger im rechten Maße trinken, denn sie müssen ja über die höchsten und schwierigsten Dinge nachdenken«. Er empfahl sogar, sich einmal im Monat ohne Bedenken zu betrinken, denn der damit verbundene Schlaf und Schweißausbruch reinige den Körper von verbrauchten Lebensgeistern. Seine Erkenntnisse scheinen sich vor allem die Iphöfer Ratsherren aufs Panier geschrieben zu haben, denn schon im alten Iphöfer Rathaus von 1448 gab es einen geheimen Gang von der großen Ratsstube hinunter ins Kellergewölbe, wo in ansehnlichen Fässern die besten Iphöfer Tropfen lagerten. Es ist nun überliefert, daß der wohlweise Rat bei allzu hitzigen Debatten über die heimliche Treppe in den Keller hinunterstieg, um bei köstlichen Iphöfer Tropfen dem eigenen Geist die Hilfe-

Weinfest auf dem Iphöfer Marktplatz

stellung des Geistes im Wein angedeihen zu lassen. Auch im »neuen« Barockrathaus Iphofens liegt der Eingang zum städtischen Weinkeller unter der Freitreppe, und die Ratssitzungen finden auch heute noch im darüberliegenden »Unteren Ratssaal« statt ...

Nach einer Zeit etwas übermäßigen Alkoholkonsums – im 18. Jahrhundert lag der Weinverbrauch in Deutschland pro Kopf bei 120 l (1990: 27 l), ein Patient in einem Spital bekam 5 Maß als Tagesration, der Arzt übrigens auch – schlug das Pendel vor allem im letzten Jahrhundert in die Gegenseite aus. Erst in unseren Tagen ist es wieder zu einer weiseren Betrachtungsweise gekommen. Steht doch schon in der Bibel im Buch Sirach: »Wein, in Maßen genossen, bedeutet ein zweites Leben.«

Die angesehene englische Medizinzeitschrift »Lancet« berichtet 1979 von einer Studie über die Korrelation von Herz-Kreislauf-Krankheiten und Alkoholkonsum. Die Sterblichkeit war bei Männern wie bei Frauen umgekehrt proportional, und der Wein hatte die engste Korrelation unter Wein, Bier und Schnaps. Die Autoren schlossen diese Publikation mit folgenden Worten: »Sollte im Wein jemals ein Bestandteil gefunden werden, der vor ischämischen Herzkrankheiten schützt, dann wäre es fast ein Sakrileg, wenn dieser Bestandteil isoliert würde. Denn die Arznei wird in Form von Wein schon in höchst bekömmlicher Form abgegeben, wie jeder Kenner bestätigen kann.«

Amerikanische Wissenschaftler isolierten im Wein den Stoff Resveratrol, eine pharmazeutisch wirksame Phenolverbindung, der gleichzeitig das für das Blutfett schädliche Cholesterin senkt und das vor Arteriosklerose schützende Cholesterin erhöht. Das meiste Resveratrol wurde im roten Bordeaux-Wein festgestellt, was wohl mit dem langen Schalenkontakt der Rotweinmaische während der Gärung zu tun hat. Ganz allgemein kommt diese Substanz in Rotweinen in sehr viel höherer Konzentration vor als in Weißweinen. Auch zahlreiche andere phenolische Verbindungen des Weines, die den Farb- und Gerbstoffen zuzuordnen sind, haben eine positive Wirkung auf den menschlichen Organismus.

Es gibt in Europa ein deutliches Nord-Süd-Gefälle was die Herzinfarkthäufigkeit angeht. Sie ist in den nordischen Ländern mit dem hohen Spirituosenkonsum zwei- bis dreimal höher als in den romanischen Weinländern.

Zu guter Letzt stellt sich die Frage der Mengenverträglichkeit von Wein, die ja hauptsächlich von der Leber beantwortet wird: Man geht in unserer heutigen Zeit und bei der Konsistenz unserer heutigen Weine allgemein von einer unschädlichen Tagesration von 0,75 Liter für Männer aus, also

schlicht einem Bocksbeutel pro Tag – für Frauen gilt trotz aller Emanzipation leider nur die Hälfte!
Ausnahmen bestätigen wie immer die Regel, nur zeigen Untersuchungen der Universität Wien, daß bereits die doppelte Menge täglichen Weins, über einen Zeitraum von 15 Jahren hin getrunken, in 75 % der Fälle bis zur Leberzirrhose führt.
Auf dem Kongreß »Oldways Preservation + Exchange Trust« zogen im Herbst 1996 in New York führende Wissenschaftler ein Resümee über die bisherigen Erkenntnisse der präventiv-medizinischen Bedeutung eines mäßigen täglichen Weingenusses.
Man war sich einig, daß das Herzinfarktrisiko 30–40 Prozent niedriger liegt und die generelle Lebenserwartung zugleich erhöht wird, insbesondere dann, wenn der Wein zum Essen getrunken wird.
Eine ähnliche Lanze für den Wein brach Frau Dr. Kühnemann in ihrem Fernsehmagazin Sprechstunde im November 1996, wobei sie von fränkischen Winzern und Kellerfachleuten tatkräftig unterstützt wurde.
Schließen wir den medizinischen Exkurs mit einem literarischen Zitat zur Heilwirkung des Weins auf die Seele aus »Peter Camenzind« von Hermann Hesse:
»Der starke, süße Gott ward mein treuer Freund und ist es heute noch. Wer ist so mächtig wie er? Wer ist so schön, so phantastisch, schwärmerisch, fröhlich und schwermütig? Er ist ein Held und Zauberer. Er ist ein Verführer und Bruder des Eros. Er vermag Unmögliches; arme Menschenherzen füllt er mit schönen und wunderlichen Dichtungen. Er hat mich Einsiedler und Bauern zum König, Dichter und Weisen gemacht. Leer gewordene Lebenskähne belastet er mit neuen Schicksalen und treibt Gestrandete in die eilige Strömung des großen Lebens zurück.
So ist der Wein. Doch ist es mit ihm wie mit allen köstlichen Gaben und Künsten. Er will geliebt, gesucht, verstanden und mit Mühen gewonnen sein. Das können nicht viele, und er bringt tausend und tausend um. Er macht sie alt, er tötet sie oder löscht die Flamme des Geistes in ihnen aus. Seine Lieblinge aber lädt er zu Festen ein und baut ihnen Regenbogenbrücken zu seligen Inseln. Er legt, wenn sie müde sind, Kissen unter ihr Haupt und umfaßt sie, wenn sie der Traurigkeit zur Beute fallen, mit leiser und gütiger Umarmung wie ein Freund und wie eine tröstende Mutter. Er verwandelt die Wirrnis des Lebens in große Mythen und spielt auf mächtiger Harfe das Lied der Schöpfung.
Und wieder ist er ein Kind, hat lange seidige Locken und schmale Schultern und feine Glieder. Er lehnt sich dir ans Herz und reckt das schmale

Gesicht zu deinem empor und sieht dich erstaunt und traumhaft aus lieben großen Augen an, in deren Tiefe Paradieserinnerung und unverlorene Gotteskindschaft feucht und glänzend wogt wie eine neugeborene Quelle im Wald. Und der süße Gott gleicht auch einem Strom, der tief und rauschend eine Frühlingsnacht durchwandert. Und gleicht einem Meere, welches Sonne und Sturm auf kühler Woge wiegt. Wenn er mit seinen Lieblingen redet, dann überrauscht sie schauernd und flutend die stürmende See der Geheimnisse, der Erinnerung, der Dichtung, der Ahnungen. Die bekannte Welt wird klein und geht verloren, und in banger Freude wirft sich die Seele in die straßenlose Weite des Unbekannten, wo alles fremd und alles vertraut ist und wo die Sprache der Musik, der Dichter und des Traumes gesprochen wird.«

Ein junger Mann hat zuviel Wein getrunken und übergibt sich, wobei ihm eine Gefährtin des Gelages freundschaftlich zur Seite steht. Innenbild einer Trinkschale (Brygos-Maler). Um 480 v. Chr. Martin von Wagner-Museum, Würzburg

Dieses wundervolle Stück deutscher Dichtung hat uns noch einmal ganz subtil auch zu der Wirkung des Weines hingeführt, die der ungarische Philosoph György Sebestyen so treffend als den Vorhof des Rausches bezeichnet und dabei das lateinische Wort »Prost« als Wegbegleiter zitiert, das da sagen will: »Mögest du eine gute Reise haben und gut wieder zurückkommen.«
Der Weintrinker hat den Genuß des Weines zum Ziel, er ist quasi ein Forschungsreisender in Sachen Weingeschmack und nimmt damit den Rausch allenfalls billigend in Kauf, ohne ihn anzustreben: Der Weg zum Wein, zu seinen Farben, Düften seiner »Nase«, seiner Vollmundigkeit, seinem Abgang oder Schwanz ist das Ziel; der Vergleich von der milden Säure des Silvaners aus dem Jahr 1993 zu der bestechend bissigen Schönheit des gewaltigen Säurespiels im Folgejahr beschäftigt die Gemüter, nicht die Zahl der bewältigten Schoppen.
Die Alchimie zu erleben, die ein alternder Spitzenburgunder in sich entfaltet, schreibt Hugh Johnson, heißt Flitter von Gold zu unterscheiden und die Pharaonen verstehen lernen, die als Zeichen ihres Reichtums die besten Weine bis über ihren Tod hinaus aufbewahrten und mit ins Grab nahmen.
Lassen wir noch einmal den Ungarn Sebestyen zu Wort kommen, der unter anderem auch Sigmund Freud bemüht: »... Indem wir das Weinglas an die Lippen führen, wiederholen wir die erste Trinkbewegung, unsere Rauscherwartung entspricht jener ursprünglichen

Sitzende Mänade aus dem Gefolge des Dionysos. Unten links der Panther, Begleiter und Attribut des Weingottes. Fragment eines Marmorreliefs aus dem 1. Jahrhundert n. Chr. Martin von Wagner-Museum, Würzburg

Heilserwartung vor der ersten Nahrungsaufnahme aus der Brust ...« Die Lippenbewegung, die dem Trinkvorgang vorangeht, setzt die Rückbesinnung auf das andere, zugleich auch das Ahnungsvermögen in Bewegung. Wir befinden uns am Punkt, an dem sich Vergangenes und Zukünftiges sanft berühren. Die Fülle dessen, was wir verloren haben, läßt uns das kommende als eine ähnlich bedrängende Verdichtung von Glück und Unglück erahnen. Indem wir die glänzende Fläche des Weines im Glase betrachten, befinden wir uns in der Mitte »hart an die Grenze des Humanen herangeführt«.

Mit diesem Zitat bemüht er schließlich noch Ernst Jünger, der in seinen »Annäherungen, Drogen und Rausch« sinngemäß schreibt: »Der ursprüngliche Sinn eines Festes läßt sich in zwei große Erwartungen einteilen: in den Wunsch mit dem Tier identisch zu werden und in die Hoffnung, daß die Götter eintreten.« Erst wenn der Mensch in der »Ekstase« aus sich heraustritt, kann er von der Gottheit erfüllt werden.

Doch nun genug des Philosophierens und zum Schluß noch ein lapidarer Kernsatz des Hippokrates: »Menschen nämlich, die schwache Köpfe haben, sind keine starken Zecher, denn der Rausch erwischt sie stärker.«

Versöhnlich ironisch klingt es in den »Carmina burana«, jenen Sauf- und Vagantenliedern, die im Kloster Benediktbeuern wiederentdeckt und von Carl Orff so hinreißend vertont wurden, aus der Beichte des Erzpoeten:

Meum est propositum
In taberna mori
Ut sint vina proxima
Morientis ori
tunc cantabunt laetius
angelorum chori:
»sit Deus propitius
huic potatori.«

frei übersetzt:

In der Tavern' zu sterben
Ist mir aufgegeben
Den Wein vor meinem Angesicht,
Laß ich gern mein Leben ...
Fröhlich hebt der Engelschor
Im Himmel seine Becher:
»Sei, Gott, gnädiglich
Diesem braven Zecher!«

Weinheilige

Wein als Geschenk der Natur ist ebenso gottgegeben wie die ganzjährigen Witterungsbedingungen, seien sie nun wachstumsfördernd oder rebenfeindlich. Daher ist es nicht verwunderlich, daß fast siebzig Heilige zu den sogenannten Weinheiligen gezählt werden. Auch an der Wende zum dritten Jahrtausend stehen wir den Launen der Witterung noch genauso ohnmächtig gegenüber wie die alten Ägypter, Griechen, Römer oder die Winzer des Mittelalters. Aus dieser Ohnmacht heraus empfahl man sich zu allen Zeiten den Göttern, begab sich in ihren Schutz oder erflehte ihren Beistand für einen rebengunstigen Wetterablauf.

Weinheilige sind deshalb nie ganz greifbar, es gibt sie lange vor Christus, und ungewollte wie gezielte Verquickungen von Mythen, Legenden und biblischen Quellen haben ihnen einen nahtlosen Weg ins

Das Elfenbeinrelief des Kilianevangeliars (um 1090) zeigt das Martyrium und die Himmelfahrt der Frankenapostel vor dem Hintergrund eines Weinstocks. Universitätsbibliothek Würzburg

noch immer gut christgläubige Weinfranken bereitet. Deshalb sei eine der schönsten, aber auch tiefgehendsten Verwechslungsgeschichten, die noch dazu eine spezifisch fränkische ist, dieser kleinen Betrachtung vorangestellt.
Der heilige Kilian als Winzerschutzherr wird einer Verwechslung Viktor von Scheffels zwischen Urban und Kilian zugeschrieben. Scheffel dichtete in seiner zweiten Strophe des Frankenliedes:

Bald hebt sich auch das Herbsten an,
die Kelter harrt des Weines.
Der Winzer Schutzherr Kilian
beschert uns etwas Feines.

Und schon sind wir voll im Mysterium Wein: Kilian hatte als Gefährten Kolonat und Totnan, sozusagen als Diakone.
Der heilige Urban, ein Doppelheiliger, einmal als burgundischer Bischof von Langres und einmal als frühchristlicher Papst des 3. Jahrhunderts n. Chr., soll sich der Legende nach wochenlang in einem Weinberg versteckt haben, bevor ihn die Häscher endgültig fanden und seinem Martyrium übergaben. Er wurde dann auch zum Ur-Patron der Winzer und Weinberge. Am Fest des heiligen Urban (25. Mai) ist zugleich auch das Fest des heiligen Dionysius, und auf das Fest des Dionysius folgen am 26. Mai der heilige Eleutherius und am 27. Mai der heilige Liberius. Zum Gefolge des heiligen Dionysius gehörten die beiden Diakone Rusticus und Eleutherius.
Gleichzeitig sind die Beinamen des antiken Weingotts Dionysos Eleuther und Rusticus, und die Frühlingsfeste zu Ehren des Dionysos oder Bacchus hießen im alten Rom auf dem Lande »Rustica« und in der Stadt »Urbana«.
Freies Weiterphilosophieren ist, möglichst bei einem Schoppen Bacchus, ab sofort erlaubt.
Die Nähe der Heiligen Kilian und Urban zum Wein finden wir im Großlangheimer Kiliansberg und in den Kiliansbrückenheiligen auf der Würzburger Alten Mainbrücke und der Grünbachbrücke im badischen Gerlachsheim ebenso wie in der wundervollen Urbansplastik aus der Riemenschneiderschule im Mainfränkischen Museum in Würzburg oder der in Randersacker (Weingut Schmitts Kinder). An vielen fränkischen Bildstöcken begegnen wir dem heiligen Urban, zu erkennen an

Holzskulptur des hl. Urban, nach 1700 (Privatbesitz)

der Mitra und an dem Attribut der Weintraube, die er in der Hand hält. Viele Weinheilige sind allgemeine Wetterheilige, denen in Weinbaugebieten zusätzliche »Spezialaufgaben« im Weinberg anvertraut wurden. Jahreszeitlich abgestuft und speziell in Franken verehrt, seien daher nur vier Heilige stellvertretend dargestellt:
Als **Winterheiliger** fungiert der heilige Sebastian (20. Januar), an dessen Namenstag es nach Wunsch der Bauern und Winzer klar und kalt sein soll:

Sebastian je kälter und heller
Scheuer und Faß um so völler

Die Steigerwaldweinbaugemeinde Greuth verehrt den Heiligen in ihrer Weinlage »Bastel«, und Johann Peter Wagner hat ihn in Eibelstadt mit seiner Sebastianssäule verewigt.
Als **Frühjahrsheiliger** wird neben dem heiligen Urban in Franken vor allem der heilige Veit oder Vitus verehrt, an den alle Lagen der Winzergemeinde Veitshöchheim und wiederum Viktor von $cheffels Frankenlied erinnern: »Zum heiligen Veit von Staffelstein komm ich em-

porgestiegen ...«. Der Namenstag des Heiligen (15. Juni) fällt in die Zeit der Rebenblüte und soll deshalb möglichst trocken sein, damit die Blüte nicht verrieselt.
Der bekannteste fränkische **Sommerweinheilige** ist neben dem heiligen Kilian der heilige Johannes Baptist (24. Juni), dem der Thüngersheimer und der Rücker Johannisberg geweiht sind.
Ein alter Schweizer Winzerspruch verdeutlicht die Wünsche zur Sommersonnwende:

Z' Johanni us de Räbe goo
und d' Truube blüeje loo.

Die Klingenberger Weinlage Michelsberg für den **Herbstheiligen** St. Michael (29. September) ist zwar leider der Weinbergslagen-Bereinigung zum Opfer gefallen, aber die Etiketten der Winzergenossenschaft Thüngersheim ziert noch immer der Ortsheilige St. Michael mit Schwert und Seelenwaage. Eine der schwungvollsten fränkischen Michaelsdarstellungen finden wir auf dem Schalldeckel der Lohrer St.-Michaels-Pfarrkirche.

Anna Selbdritt an der Brautpforte der Iphöfer Pfarrkirche. Die Traube in der Hand des Jesuskindes ist Symbol für sein späteres Leiden

Frankens Weinheilige wären jedoch nicht vollständig ohne die Patrona Frankoniae, die Gottesmutter Maria, die nicht nur in fränkischen Kirchen und Weinbergs-Bildstöcken gerne mit der Traube dargestellt wird.

Schon antike Fruchtbarkeitsgöttinnen hatten die Traube als Attribut, und die Wurzel Jesse als allegorische Darstellung des christlichen Weinstocks zeigt nicht selten als Bekrönung Maria mit dem Gotteskind.

Vor allem die Künstler der späten Gotik und der beginnenden Renaissance haben wundervolle Traubenmadonnen gemalt oder geschnitzt wie z. B. Lukas Cranach, Martin Schongauer oder Hans Leinberger. Eine der schönsten Traubenmadonnen ist die altbayerische Darstellung aus Laufen an der Salzach, ein Rotmarmor-Halbrelief mit der Darstellung der Traubenmadonna, die von der heiligen Barbara und der heiligen Katharina flankiert wird. Es wird der Werkstadt des Hans Volkenauer zugeschrieben.

Ein Vers aus des Knaben Wunderhorn zeugt von der tiefen Marienverehrung der Winzer:

Das Weinkorn, das hochheilige,
Das kam vom Himmel herab
Einer Jungfrau unter ihr Herze,
die war heilig und klar.
Sie trug es unverborgen
Bis an den Weihnachtstag,
Da ward der Wein geboren,
Der alle Ding vermag.

Weinberge einst und jetzt: eine flurbereinigte Betrachtung

Im Anfang war ... und schon kommt es anders, als man denkt: Im Anfang war der Weinbau in ebenen Lagen und an nur flachgeneigten Unterhängen – Steilhänge blieben vorerst mangels Erfahrung und technischer Kenntnis ausgespart. Das Wort »wingarton«, übrigens die erste bekannte deutschsprachige Erwähnung eines Weingartens, in der uns schon bekannten Würzburger Markungsbeschreibung von 779 bestätigt indirekt die flache Hangneigung.
Erst im Laufe der Zeit wagte man sich Zug um Zug in die steileren, sonnenverwöhnten Lagen. Eines der schönsten Zeugnisse hierfür ist der »Geometrische Abriß des Amtes Schmachtenberg samt den angrenzenden Gebieten und Orten« aus dem Jahr 1598. Darin sind die Höhen am Rande der Haßberge von Prappach über Zeil bis östlich Steinbach als durchgehende Weinbergslandschaft dargestellt. Allerdings zeigen die Weinberge nur eine mehr oder weniger gleichmäßige Wölbung ohne erkennbare sonstige Gliederung. Also eine historische Rehabilitation für Brutalflurberei-

Merian-Stich von Klingenberg, 1646

nigungen? Nicht ganz, denn was auf diesem wunderbaren Stich vielleicht ein wenig künstlerische Freiheit darstellt, verdeutlicht der Altmeister der Karten, Stadtansichten und Landschaftsdarstellungen, Matthäus Merian, in seinem Stich von Klingenberg, den er in seiner »Topographia Franconiae« ausdrücklich mit den Worten »des herrlichen Weinwachses halber« begründet.

Seltene Weinbergsflora: Bockriemenzunge

Merian stellt die Klingenberger Weinberge ebenfalls in gleichmäßiger, der natürlichen Hangneigung angepaßter Wölbung dar, aber deutlich durch fünf quer zum Hang laufende, von Streuobstbäumen bewachsene Wege gegliedert. Darüber hinaus gibt es Streuobstzeilen, die senkrecht den Hang hinunterlaufen und vermutlich an den Rändern von Wasserabschlägen stehen.

Das in uns als Urtyp des archaischen fränkischen Weinbaus gespeicherte Bild von einem filigranen Fischgrätmuster aus Trockenmäuerchen, Terrassenschilden, Treppchen und Wasserabschlägen ist nach dem gleichlautenden Urteil von Historikern, Denkmal- und Naturschützern maximal zweihundert Jahre alt.

Von diesen »urfränkischen« Weinbergen gibt es noch heute zwischen 20 000 und 30 000 Hektar, nur sind sie vielfach zu ökologischen Traumlandschaften geworden auf ihrem allerdings unaufhaltsamen Weg vom einstigen Weinberg zum Wald. Die Ausweisung zum Naturschutzgebiet war in den meisten Fällen nicht einmal nötig, ist doch entweder der Hang zu steil oder die Weinlage nicht qualitätsversprechend genug.

Und so sind sie derzeit auf ihrem Sukzessionsweg ökologisch höchstwertige Landschaftselemente, Paradiese, in denen sich alles tummelt, was seit der Vertreibung aus den Erwerbsweinbergen Unterschlupf gesucht hat, angefangen von der Weinbergstulpe über Nickenden Milchstern, Traubenhyazinthe, Ackergoldstern, Rundem Lauch, Judendolde, Stinkender Nies-

Geometrischer Abriss Dess Ambts Schmachtenberg sambt den Angrenzenden gebieten und orten. Gemacht durch Petrum Zweidlerum Teuschnicensem den 6. Iunij Anno 1598.
Dess Waldts so viel Bambergisch seind 8000. acker den 160. ruten aker gerechent
Zeill
Ein halbe Meil

Bischofsheim
Schönbach
Steinbach
Main
Fluß
Das Spacium helt in sich
Tausent schrit

wurz, Osterluzei bis hin zu Akelei, Federgras, Mauerpfeffer, Diptam und den wunderbaren Orchideen Purpur-, Helm- und Brandorchis und der bacchantischen Bockriemenzunge. Die Tiere des Weinbergs sind in dieser Aufzählung noch überhaupt nicht genannt, von ihnen wird später noch die Rede sein.

Allerdings handelt es sich bei diesen »Naturschutz«-Paradiesen, die eindeutig aus reinen »Kultur«-Landschaften hervorgegangen sind, um ähnlich labile Gebilde wie aufgelassene Bergalmen oder die Freiflächen der Hochrhön, die letztlich, wenn sie nicht durch aufwendige Pflegeprogramme statisch gehalten werden, in wesentlich artenärmeren Waldgesellschaften enden werden.

Wie im Kapitel zur Weinbaugeschichte schon erwähnt, hatten diese herrlichen, der reinen Handarbeit vorbehaltenen Steilhangkunstgebilde im Jahr 1959 zu der deprimierenden Weinbaufläche von nur noch 2300 ha in Franken geführt.

Zusätzliche Erschwernisse für den fränkischen Weinbau waren die aus der Realteilung entstandene Kleinstparzellierung und teilweise total überalterte und noch nicht reblausresistente, wurzelechte Rebenbestände. Hinzu kam eine ebenfalls überalterte und oft standortuntaugliche Sortenverteilung, die im einstigen »Gemischten Satz« ihren Ursprung hatte.

Flurbereinigung tat also not, und dies erkannten als erste der seinerzeitige Regierungsweinbaufachberater Josef Weiß und der Regierungskulturbaudirektor Anton Nikolaus, die 1954 für die erste Flurbereinigung der 4,8 Hektar großen Weinbergslage Altenberg in Erlenbach bei Marktheidenfeld Vollzug melden konnten. Die Erlenbacher Bereinigung beruhte noch auf einem nahezu freiwilligen Flächentausch der Beteiligten, und die Erdbewegungen mit den seinerzeit eher schwächlichen Erdbaumaschinen fielen noch sehr moderat aus.

Bis zur Mitte der 60er Jahre blieben die nun Schlag auf Schlag folgenden Bereinigungsverfahren gemäßigt, führten Bodenbewegungen nur in begrenztem Umfang durch, errichteten teilweise sogar Weinbergsmauern neu und konnten auf einem breiten Einverständnis nahezu aller Beteiligten aufbauen.

Dann aber begann die Eigendynamik der späten 60er Jahre mit ihrem fast kindlichen Glauben an eine grenzenlose Machbarkeit aller Dinge auch auf die Weinbergsflurbereinigung überzugreifen: Immer gewaltigere Maschi-

◁ *Die Karte des Amtes Schmachtenberg von 1598 zeigt, dass schon damals Zeil am Main das Zentrum des Weinbaus an diesem Mainabschnitt war*

Terrassenweinberg bei Klingenberg

nen führten immer gefühllosere und noch größer dimensionierte Planungen durch; man verlor Zug um Zug jegliches Augenmaß und Fingerspitzengefühl und schaukelte sich zu regelrechten Produktionslandschaften hoch, denen nur noch der Rebstock willkommen, alles andere jedoch als artfremdes Hemmnis, Gegner oder Schädling ein Dorn im Auge war.
In den Berichten aus der Flurbereinigung Nr. 20 aus dem Jahr 1975 heißt es hierzu: »Durch ungünstige Geländegestaltung, Baumgehölze oder durch sonstige Hindernisse kann sich unterhalb der Weinberge ein Kaltluftstau bilden, der bis in die unteren Rebflächen ragt und dort zu häufigen Frostschäden führt ... Die Weinbergslagen sind nicht immer geschlossen mit Reben bepflanzt, sondern oft durch Äcker, Baumfelder und Ödungen unterbrochen. Selbst innerhalb der Weinberge befinden sich dazwischengepflanzte Bäume und Sträucher. Alle diese Mißstände erhöhen die

Produktionskosten und mindern die Erträge nach Menge und Güte.« Nach Nordheim und dem Schwanberg gipfelte diese Entwicklung wohl in Thüngersheim, wo sich nach Abschluß des Verfahrens der seinerzeitige Bezirkstagspräsident Franz Gerstner so äußerte: »Hier ist urtümlich fränkische Mainlandschaft so zerstört worden, daß auch die Anlegung von ein paar Hecken nichts mehr retten kann ... man hat eine 95 Hektar große Fläche geschaffen, in der kein einziges Tier einen Lebensraum findet ... in Thüngersheim ist man so seelenlos vorgegangen, daß auch die Bestellung eines Kunstdenkmals nichts repariert.« Der Bezirkstag verweigerte im Frühjahr 1982 dann auch einen Zuschuß zu einem neuzuschaffenden Bildstock.

Das oberhalb der Weinberge gelegene Ödland »Höhfeldplatte« samt seinen Schwarzkiefernwäldchen wurde seinerzeit zum Naturdenkmal erklärt und daraufhin von der Presse euphorisch als »Oase der Natur in bereinigter Flur« gefeiert. Das wiederum veranlaßte einen Leserbrief mit der Überschrift »Oasen gibt es nur, wo rundherum Wüste ist«.

Auch die Flurbereinigungsdirektion, deren Namensänderung in »Direk-

Flurbereinigte Weinberge in Thüngersheim

Nebeneinander von Naturschutz und Erwerbsweinberg in Sommerhausen

tion für ländliche Entwicklung« allein schon Bände spricht, äußert in einem jüngst veröffentlichten Bericht ihres Leiters Rolf Richter deutliche Selbstkritik: »Die Hauptphase der Weinbergsflurbereinigungen ist geprägt durch den Glauben, daß das weinbaulich Wünschenswerte auch technisch machbar ist ... In einigen Fällen wurde dabei nicht immer auf die Grenzen einer vertretbaren Umgestaltung geachtet.«
Nach Thüngersheim beginnt die dritte Phase der Weinbergsflurbereinigungen, die Rolf Richter als eine Phase der Kompromisse zwischen den technisch wünschenswerten Maßnahmen und den im Zuge der Konsensverhandlungen durchsetzbaren Maßnahmen bezeichnet, die bis auf den heutigen Tag andauert. »Sie fällt darüber hinaus in eine Zeit des Preisverfalls des Weines, gewisser Überkapazitäten, des Neuanlagestopps durch EU-Gesetze und einer ha-Höchstmengenregelung in Deutschland.«
Hinzuzufügen wäre vielleicht noch, daß im Gegensatz zu einer einstigen Arbeitszeitreduzierung um jeden Preis heute manche wieder zusätzlich anfallende Arbeitsstunde von manchen Arbeitslosen gerne aufgegriffen würde.

Wurden nun im Zuge des Umdenkens zunächst größere Teile von Weinbergslagen im Ganzen aus Flurbereinigungsverfahren ausgeklammert und gleich direkt dem Naturschutz zugeführt wie am Kleinochsenfurter Berg oder am Sommerhäuser Stachelberg, so begannen die echten Kompromisse, wenn auch zunächst noch räumlich voneinander getrennt, bei der Flurbereinigung Steinbach-West in der Weinlage Nonnenberg.
Das fischgrätartige ausgeklügelte System von Trockenmauern, Terrassenschilden, Erschließungstreppchen und Wasserabschlägen aus dem Anfang des 19. Jahrhunderts wurde im Oberhang komplett belassen, die Mauern teilweise behutsam entbuscht, neu fundamentiert und, wo nötig, neu hinterfüttert. Die gesamte Oberhangfläche wurde mit der Maßgabe der Weiterführung der bisherigen Bewirtschaftung als Streuobstfläche oder herbizid- und mineraldüngerfreie Weinlage unter Naturschutz gestellt, Zuschüsse für die laufende Trockenmauerunterhaltung sind gewährleistet.
Der Unterhang wurde zu einer herkömmlichen Erwerbsweinbaufläche umgestaltet und mit zwei Gürtelwegen, neuen Wassertreppen und Rückhaltebecken ausgestattet, was den Chef des Bundes Naturschutz in Nordbayern, Hubert Weiger, seinerzeit zu folgender sarkastischer Bemerkung veranlaßte: »Dieser Scheinkompromiß ist etwa so sinnvoll, wie wenn man den Bamberger Dom zur Hälfte abreißen und die obere Hälfte mit Glasbausteinen bauen würde.« Dennoch, ein erster vieldiskutierter Kompromiß war gefunden und wurde ein kleiner Meilenstein auf dem Weg des Umdenkens.
Einen weiteren entscheidenden Meilenstein verdanken wir dem Architekten Herbert Haas aus Randersacker. Er regte an, eine der vier als Biotope ausgewiesenen Flächen im Rahmen der Weinbergsbereinigung am renommierten Randersackerer Pfülben nicht nur als reinen Museumsweinberg zu belassen, sondern als echten »Altfränkischen Weinberg« ertragsorientiert, aber nach Altvätersitte zu bewirtschaften.
In diesem Zusammenhang sollte gleichzeitig dem jahrhundertealten »Gemischten Satz« und der seinerzeitigen Neuzüchtung des Randersackerer Weinbaupioniers Sebastian Englerth, der Bukettrebe, die Reverenz erwiesen werden.
Der erklärte Widerstand der Randersackerer Winzermehrheit konnte erst dadurch gebrochen werden, daß Herbert Haas mit seinem Vermögen für eine laufende Pflegegarantie in diesem altfränkischen Weinberg geradestand, obwohl seitens des behördlichen Naturschutzes von Anfang an hohe Zuschüsse für die Weinbergspflege zugesagt waren.
Der »Altfränkische Weinberg« ist seit dem Jahr 1988 Wirklichkeit gewor-

»Kreuzschlepper« im Altfränkischen Weinberg von Randersacker

den. Er beherbergt auf einer Fläche von etwa 800 m² inmitten alter Weinbergsmauern rund 650 Stöcke, nach alter Tradition in pfahlunterstützter Kopferziehung. Der Weinberg selbst liegt eingebettet in das 0,45 ha große Pfülben-Biotop. Den westlichen Abschluß zum Erwerbsweinberg bildet eine alte Trockenmauer, östlich schützt ihn eine künstlich geschaffene Steinrutsche; zusätzlich wurde noch ein Heckenstreifen davorgepflanzt. Die südliche Begrenzungsmauer zieren ein alter, vom Bürgerspital gestifteter Bildstock und ein Kreuzschlepper, der einst an einer anderen Stelle der Randersackerer Gemarkung zu Theilheim hin stand.
Bevor wir die genaue Rebzusammensetzung dieses Wengerts beschreiben, gilt es noch die beiden seit dem Mittelalter bekannten und schon von Hildegard von Bingen in *vinum francium* und *vinum hunicum* unterschiedenen »Gemischten Sätze« zu charakterisieren. Der Fränkische Satz oder Frentsch war als Qualitätsmischsatz mit rund zehn Traubensorten, bei denen der Riesling und der Traminer den überwiegenden Anteil stellten, von jeher anerkannt. Im Gegensatz dazu stand der minderwertige Hunevin oder Huntsch, ein Mischsatz, in dem die massenreichen »Zehntweinsorten«

Elbling, Tauberschwarz, Muskateller, Malvasier, Krachgutedel, Welschriesling und Hammelhoden (Trollinger) vertreten waren.
Unser Altfränkischer Weinberg beherbergt nun im Mittelblock 152 Stöcke der Bukettrebe, die Sebastian Englerth aus Riesling x Silvaner herauskreuzte und daran anschließend den gemischten Fränkischen Satz in folgender Verteilung:

Riesling	371	Stöcke
Traminer	65	
Gelber Silvaner	8	
Weißer Gutedel (Junker)	7	
Grüner Muskateller	5	
Ruländer	5	
Weißer Elbling (Grober)	5	
Blauer Trollinger	3	
Blauer Spätburgunder	4	
Blauer Silvaner	4	
	477	Stöcke

Es versteht sich von selbst, daß dieser alte Wengert herbizid- und kunstdüngerfrei bewirtschaftet wird und sorgfältig dauerbegrünt ist. An Fungiziden werden nur die im ökologischen Weinbau zulässigen Mittel verwendet.
Mittlerweile haben sich fast alle alten Weinbergspflanzen wieder eingestellt oder fühlen sich nach ihrer Wiederpflanzung heimisch; die Pflanzenkartierung aus den Jahren 1990 bis 1992 umfaßt bereits 101 Arten, von denen 51 ständig nachgewiesen sind.
An Tieren wurden bisher nur die Wildbienen systematisch erfaßt, es waren 1996 nicht weniger als 48 Arten, von denen 15 auf der Roten Liste stehen.
Die Botschaft dieses altfränkischen Weinbergs, der hochgerechnet pro Jahr und Hektar 2700 Arbeitsstunden benötigt, Mostgrade von 76 bis 95° Oechsle und einen Durchschnittsertrag von 30–50 hl/ha bringt, lautet nun sicherlich nicht: zurück zum Museumsweinbau, sondern vielmehr: Schafft ein Netz solcher ökologischer Oasen in den »Ertragswüsten«! Je engmaschiger dieses Netz geknüpft wird, desto leichter fällt eines Tages der zwingend nötige Übergang zum naturnahen Weinbau.
Zum guten und versöhnlichen Schluß wollen wir noch einmal Rolf Richter bemühen (s. Literaturverzeichnis S. 212), der in seinem Kapitel »Denk-

Der Homburger Kallmuth-Berg

malwürdige Weinlandschaften« denkmalgeschützte Weinberge aufzählt, in denen aufgrund hervorragender Weinqualität bis auf den heutigen Tag die Weinbergsmauern in Kauf genommen wurden. Es sind dies:

- der durch Verwitterungsböden des Urgesteins geprägte Apostelgarten in Michelbach
- die durch ihre Sandsteinterrassen charakteristischen Weinbergslagen über Klingenberg
- die sich über die Länge eines Kilometers hinziehenden gemauerten Kalksteinwände des Homburger Kallmuth und
- der durch fischgrätähnliche Trockenmauerzüge des Keupers gegliederte, im östlichsten Weinbaugebiet Frankens gelegene Steinbacher Nonnenberg

Richter schreibt dazu: »Verbunden mit der Pflege dieser für Franken bedeutenden Kulturlandschaften ist für unsere Generation – aber sicher auch für künftige Generationen – die Lösung des Problems, wie aktiver Weinbau mit der Erhaltung der durch Weinbau geprägten Kulturdenk-

mäler in Einklang gebracht werden kann. Der Verfall von Hunderten von ähnlich ausgeprägten Weinlagen lehrt uns, daß ein *Laissez-faire* nicht die Lösung sein kann.
Für fränkische Verhältnisse sind bei den Bemühungen um die Erhaltung der denkmalgeschützten Kulturlandschaften folgende Maßnahmen erforderlich:

- Förderung der äußeren Erschließung der Weinberge durch geeignete Wegebaumaßnahmen
- Förderung der inneren Erschließung der Weinberge durch Verbesserung der vorhandenen Wegenetze und durch Neuschaffung von Transporthilfen wie z. B. durch Monorackbahnen
- Förderung von Mauerbauten in der an die Mauerbautechniken angepaßten Bauweisen
- Verbesserung der Wasserführungsanlagen in historischen Ausprägungen
- Begrenzte Umwandlung von drieschen Weinbergsflächen und überalterten Beständen in junge standortgerechte Rebanlagen, um damit stabile Bestände zu begründen, die auch von der nächsten Winzergeneration angenommen werden können
- Schaffung von Ausgleichsmaßnahmen für den Natur- und Landschaftsschutz zur Belebung der Weinberglandschaften
- Förderungsmöglichkeiten unterschiedlicher Einzelmaßnahmen zur Verbesserung der Information des Bürgers über die Eigenart der Kulturlandschaften Frankens, deren Entstehung und die Schwierigkeit der Erhaltung entsprechender Anlagen in der heutigen Zeit.«

Richter endet mit folgendem Ausblick: »Die Kulturlandschaft in Franken hat sich im Laufe der Jahrhunderte stets den Erfordernissen der Bewirtschaftung angepaßt. Eine Erhaltung der Landschaft ist insofern auch an die Entwicklung des Marktes gebunden. Die moderne Industriegesellschaft wird sich vielleicht einige wenige museale Weinbergsflächen leisten können. Sie wird jedoch die Kulturlandschaft nur dann langfristig erhalten können, wenn dies im Einklang mit den Interessen der wirtschaftenden Weinbauern erfolgt. Hierzu ist auch in Zukunft eine Fortentwicklung der Kulturlandschaft notwendig. Der Wunsch, historische Landschaftstypen auch in Zukunft zu erhalten, ist mit einem großen Aufwand an Arbeit, an Liebe zum Weinbau und letztlich auch an seinen wirtschaftlichen Erfolg gebunden. Wir werden die durch Weinbau geprägten Kulturlandschaften nur dann langfristig erhalten können, wenn wir den dort wirt-

schaftenden Menschen zeitgemäße Bewirtschaftungsmöglichkeiten einräumen. Daß dies heute differenzierter gesehen werden muß als noch vor 20 Jahren, ist aufgrund anderer Rahmenbedingungen selbstverständlich. Daß vergleichbare Arbeiten auch in Zukunft durchgeführt und sich dabei die Landschaftsbilder weiter wandeln werden, ist für mich ohne Zweifel.«
Vor diesem Hintergrund können wir berechtigt hoffen, daß die Lauer, die alte Weinbergszikade, welche ihren Namen vom einstigen Trester-(Lauer)wein herleitet, auch nach dem Jahr 2000 weiterzirpen wird und daß neben den wunderbaren alten Bildstöcken auch weiterhin so ausdrucksvolle moderne Bildstöcke wie der des hl. Kilian von Otmar Kleindienst in Frickenhausen oder der als so zu bezeichnende Christus in der Kelter von Willi Väth in Thüngersheim die bereinigte Weinbergsflur zieren.

Christus in der Kelter, Bildstock von Willi Väth in Thüngersheim

Der hl. Kilian. Bildstock von Otmar Kleindienst in Frickenhausen

Weinbau zwischen Ökonomie und Ökologie

In einer Zeit häufiger Konfrontation mit Umweltproblemen steht auch die Belastung des Ökosystems »Weinberg« zur Diskussion. Gerade beim Weinbau als einer der intensivsten Formen der Landwirtschaft scheiden sich die Geister. Viele Jahrhunderte lang änderte sich die Produktionstechnik im Weinbau nur wenig. Folgende Faktoren bestimmten die Ausgangslage:

- geringe Traubenerträge
- ein »wurzelechter« Anbau der Reben (bei der wurzelechten Rebe liegt keine Pfropfung oder Veredlung vor, sie ist von der Wurzelspitze bis zur Traube eine identische Pflanze)
- enge Bestände bei den Rebstöcken
- die Verwendung von Stallmist und Kompost
- reine Handarbeit (Maschinen und Traktoren waren nicht existent)
- einen Pflanzenschutz mit chemischen Mitteln gab es außer Kupferpräparaten nicht.

Wie alle Bereiche der Landwirtschaft veränderte sich der Weinbau entsprechend der Agrarpolitik der letzten Jahrzehnte. In der Nachkriegszeit gab es eine Förderung der Landwirtschaft, durch die zunächst der Lebensmittelknappheit begegnet werden sollte. Danach waren niedrige Lebensmittelpreise das Ziel. Alles hatte sich den vermeintlichen Allheilmitteln »Intensivierung« und »Rationalisierung« unterzuordnen. Landwirte und Winzer waren sozusagen gezwungen, oder glaubten es zu sein, mit einem Höchstmaß an Technik und Zusatzmitteln ein Maximum an Ertrag zu erzielen. Die Spezialisierung, ein sortenreiner Anbau, neue Erziehungsarten der Rebe, der Pflanzenschutz und eine intensive Mineralstoffdüngung schienen dies möglich zu machen. Aber was waren die Folgen der Herausforderung der Natur ?

- Der Humus wurde zusehends weniger, die Erosion dafür um so größer und der übermäßige Maschineneinsatz verdichtete den Boden zwischen den Rebzeilen; der unnötig beschleunigte Wasserabfluß brachte immer häufigere Hochwasserspitzen.
- Der intensive Einsatz von Mineraldüngern führte zu einer Eutrophierung (Übersättigung mit Nährstoffen) und hoher Nitratbelastung der Gewässer.

- Der chemische Pflanzenschutz hinterließ Giftreste im Boden und zerstörte das Gleichgewicht zwischen Nützlingen und Schädlingen.
- Mit dem sortenreinen Anbau zeigten sich Stärken und Schwächen traditioneller Sorten, manche verschwanden ganz. Die Züchtung lieferte neue, aus Kreuzungen hervorgegangene Rebsorten in großer Zahl. Vermarktungsprobleme oder Markttrends bestimmten den Anbau solcher Sorten, von denen sich ein Großteil wieder verabschiedete. Sie waren nicht mehr in Mode, vielleicht auch, weil es zu viele gab.

Ein Spannungsfeld zwischen Ökonomie und Ökologie tat sich auf. Dabei sollte es sowohl aus gesundheitlichen wie aus ökonomischen Gründen selbstverständlich sein

- die Umwelt von Pflanzenschutzmitteln zu entlasten
- den Einsatz von Mineraldüngern zu minimieren und
- die Fruchtbarkeit der Weinbergsböden zu erhöhen.

Ein Zurück zum alten Weinbau gibt es nicht. Deshalb müssen zukunftsweisende Konzepte für den Weinbau entwickelt werden, neue Perspektiven für einen »gesunden« Weinbau sind aufzuzeigen. Seit einigen Jahren werden von unterschiedlichen Gruppierungen und Organisationen, auch von Behörden und Verbänden dergestaltige Konzeptionen erarbeitet und vorgestellt. Folgendes zeichnet sich ab:

Bodenpflege

Die Fruchtbarkeit des Bodens läßt sich durch Begrünungsmaßnahmen und gleichzeitigen Verzicht auf Herbizide (Mittel gegen sogenannte »Unkräuter«) oder den Boden belastende Pflanzenschutzmittel verbessern. Allerdings erfordert die Begrünung viel Fingerspitzengefühl, denn bei Niederschlagsdefiziten bzw. bei sogenannten »Trockenstandorten« kommt es zur Wasserkonkurrenz zwischen Begrünungspflanzen und dem Rebstock. Das Weinbaugebiet Franken leidet häufig unter Niederschlagsmangel; daher haben Klima und Jahreswitterung sowie eventuelle Standortgegebenheiten einen anderen Stellenwert in Fragen der Begrünung eines Weinbergs als in Regionen mit ausreichenden Niederschlägen. Notwendigenfalls sind Maßnahmen zu treffen, mit denen Ertrags- und Qualitätseinbußen minimiert bzw. aufgefangen werden müssen. Dazu gehört bei-

Abwechslung von Dauerbegrünung und Strohdüngung als Bodendeckung im Weinberg

spielsweise eine Reduzierung der Begrünung auf Herbst und Winter oder auf nur jede zweite Rebzeile. Auch die Auswahl geeigneter Grünpflanzen, wie flachwurzelnde Gräser und Kleearten, ist entscheidend. Ein teilweises oder ganzes Unterpflügen bzw. Umbrechen der Gründecke kann vonnöten sein. Die Vorgänge im und um den Weinberg sind gut zu beobachten, mehr denn je muß der Winzer mit der Natur vertraut sein, wenn er einen »gesunden« (naturnahen) Weinbau betreiben will.

Die Bewirtschaftung des Bodens hat nicht nur Auswirkungen auf die Nährstoffversorgung und das Wachstumsverhalten der Rebe, sondern auch auf deren Anfälligkeit gegen Schädlinge und Krankheiten, auf die positive Wirkung der Nützlinge und die Wechselbeziehung zwischen dem »Ökosystem« Weinberg und den angrenzenden, umweltbedeutsamen Systemen Wasser und Luft.

Um Ökonomie und Ökologie in Gleichklang zu bringen, tut auch eine gezielte Humusbewirtschaftung not, denn sie ist für die Erhaltung des Bodens sehr wichtig, sie gibt ihm physikalische Stabilität und biologisch-chemische Vitalität.

Ein wichtiges Kriterium ist auch die der Rebe abverlangte Ertragsleistung, sie darf nicht zu hoch angesetzt werden, denn auch sie ist ein Parameter zum Erreichen des Gleichgewichtes.

Die Begrünung bringt der »Monokultur« Weinberg wieder eine Artenvielfalt und neuen Lebensraum für Nützlinge. Der Boden wird humusreicher, locker und biologisch aktiv, er nimmt das Regenwasser leicht auf und wird bei heftigen Niederschlägen nicht so leicht abgeschwemmt. Außerdem kann die Begrünung zu einer wesentlichen Reduzierung der Einwaschung von Nitrat ins Grundwasser führen, indem entsprechende Pflanzen dieses speichern und später den Rebwurzeln wieder zur Verfügung stellen.

Düngung

Bei der Düngung hat ein großes Umdenken eingesetzt, vor allem in Anbetracht einer möglichen Nitratbelastung des Grundwassers. Düngeempfehlungen, die mehr auf die Zuwachsraten der Hersteller abzielten als auf einen wirklichen Bedarf der Rebe, gehören der Vergangenheit an. Neu erarbeitete Untersuchungsverfahren erlauben es, den im Boden bevorrateten Stickstoff zu messen. Dazu läßt der Winzer in einem vorgegebenen Zeitraum den Gehalt an Humus und Mineralien bis in den Bereich der Spurenelemente bestimmen. Er kennt dann den Nährstoff-Vorrat im Boden und kann die Düngung auf den tatsächlichen Bedarf reduzieren. Er betrachtet die Düngung heute nicht mehr in erster Linie als Ersatz der Nährstoffe Phosphor, Kalium, Stickstoff usw., sondern er ist bemüht, für ein gleichmäßiges, der Witterung angepaßtes Nährstoff-Angebot der Rebe zu sorgen, ihr ein entsprechendes Wachstum zu ermöglichen und Bodenpflege zu betreiben. Neben der bereits angesprochenen Begrünung, der in Franken klima- und standortbedingte Grenzen gesetzt sind, stehen auch Stroh und Ernterückstände als Humuslieferanten zur Verfügung. Schon im Jahre 1840 hatte Justus von Liebig geschrieben, man solle nicht nur das Laub, sondern auch das (zerkleinerte) Holz aus dem Rebschnitt in den Boden einarbeiten. Wichtiger Abfall aus der Traubenverarbeitung sind die Preßrückstände (Trester). Sie werden, oft zusammen mit der im Keller anfallenden Hefe durch Kompostierung aufbereitet und dann im Weinberg ausgebracht.

Pflanzenschutz

Ähnlich wie in der übrigen Landwirtschaft steht man dem Pflanzenschutz mit chemischen Mitteln immer kritischer gegenüber. Um den Einsatz solcher Präparate gegen pilzliche und tierische Schädlinge sowie gegen den unerwünschten Pflanzenwuchs zu reduzieren, ist man dazu übergegangen, die pflanzenbaulichen und kulturtechnischen Maßnahmen im Weinberg so auszurichten, daß einem Befall durch Schadorganismen rechtzeitig vorgebeugt wird bzw. die Befallstärke unter einer wirtschaftlich tragbaren Schadschwelle bleibt. Hier spricht man vom »integrierten« Pflanzenschutz im Rahmen eines »naturnahen« Weinbaus. Durch entsprechend weite Zeilenabstände und eine dem Standort und der Sorte angepaßte Erziehungsart der Rebstöcke am Drahtrahmen kommt es zu einer besseren Durchlüftung der Rebgassen, auch sind die Trauben der Sonne besser ausgesetzt. Entscheidend ist hier die gute Laubarbeit, ein teilweises Entfernen der Blätter in der Traubenzone, was oft schon nach der Rebenblüte geschehen muß. Die Trauben und die übrigen Blätter trocknen nach Regen oder Tau schneller ab, die Gefahr einer Infektion durch pilzliche Schädlinge wird vermindert. Daneben gibt es sogenannte »Prognosemodelle«, die das Auftreten von Krankheiten und Schädlingen besser vorhersehbar machen. Im Weinberg installierte, über die Region vernetzte, elektronische Warngeräte, welche Temperatur, Luftfeuchtigkeit und die Benetzung der Blätter registrieren, lösen bei Erreichen bestimmter Schwellenwerte Alarm aus. Innerhalb einer gewissen zeitlichen Frist muß dann dem prognostizierten Ausbruch von Pilzsporen durch eine Pflanzenschutzmaßnahme begegnet werden. Die routinemäßig vorbeugende Spritzung wird durch diese Bekämpfung im wirklichen Bedarfsfall abgelöst. Es werden Spritzungen eingespart. Ein völliger Verzicht auf chemische Pflanzenschutzmittel ist jedoch derzeit auch beim sogenannten

Die »Laubarbeit« in Form des Einkürzens der Triebe am Rebstock

»ökologischen Weinbau« zur Bekämpfung von Pilzkrankheiten nicht in Sicht.

Dagegen gibt es heute wertvolle, sehr aussichtsreiche Möglichkeiten zur biologische Bekämpfung tierischer Schädlinge. Als Musterbeispiel einer biologischen Maßnahme kann die Bekämpfung der Reblaus bezeichnet werden. In der zweiten Hälfte des 19. Jahrhunderts war diese aus Nordamerika eingeschleppt worden. Sie traf auf die europäischen Rebsorten, an deren Wurzeln sie einen idealen Lebensraum vorfand. Innerhalb weniger Jahre hatte sich die Reblaus zum gefährlichsten Schädling entwickelt und allein in Europa hunderttausende Hektar Rebfläche vernichtet. Durch systematische Züchtungsarbeit wurden aus amerikanischen Rebarten, deren Wurzeln gegen Reblausbefall wenig anfällig bzw. resistent sind, die heutigen sogenannten Unterlagensorten entwickelt. Sie sind die Basis für die Erstellung von Pfropfreben. Erklärung: Pfropfreben entstehen durch den Vorgang der »Rebveredlung«. Dabei wird das Holz (Reis) von Edelreben - wie Silvaner, Riesling oder Spätburgunder - auf das Holz der genannten resistenten, aus Wildformen hervorgegangenen Arten aufgepfropft. Dieses wiederum wird, nachdem es als »Steckling« Wurzeln geschlagen hat, zum unterirdischen Teil des Rebstocks, also zur sogenannten Unterlage.

Der Rebenschädling Reblaus

Erst durch die Verwendung von gepfropften Reben gelang es, die Reblaus dauerhaft einzudämmen und den Weinbau in Europa wiederaufzubauen. So dürfen seit jener Zeit auch keine »wurzelechten« Reben mehr gepflanzt werden; der Gesetzgeber hat diese vorbeugende Maßnahme zur Pflicht gemacht.

Die Anwendung anderer biologischer Verfahren zum Schutz der Rebkulturen vor tierischen Schadorganismen wird immer bedeutsamer. Verantwortlich dafür sind einerseits die wachsende Umweltproblematik, andererseits die schwieriger werdende Bekämpfung mit chemischen Mitteln wegen der zunehmenden Resistenz der Schädlinge gegen die Präparate. Die Vorteile der biologischen Maßnahmen sind ihre hohe Selektivität, ihre

Dispenser mit dem Verwirr-Lockstoff »Pheromon« zur biologischen Bekämpfung der Schädlinge Heuwurm und Sauerwurm

geringe Beeinträchtigung des Ökosystems, eine reduzierte Belastung von Luft, Wasser und Boden und außerdem die Unbedenklichkeit gegenüber dem Menschen.
Ein uralter Rebschädling, die Räupchen der Traubenwicklermotte, die Schäden an den Blütenständen der Reben (»Heuwurm«) und in der nächsten Generation an den heranreifenden Trauben (»Sauerwurm«) anrichten, kann heute durch ein im Weinberg versprühtes Bakterien-Präparat bekämpft werden. Eine weitere Möglichkeit des Vorgehens gegen diesen Schädling ist die sogenannte »Verwirrmethode«. Ein großflächig ausgebrachter, synthetisch hergestellter, ansonsten von den Mottenweibchen abgesonderter Sexualduftstoff, ein sogenanntes Pheromon, verwirrt die männlichen Motten derart, daß ihre Orientierung zu den Weibchen gestört ist. Diese legen daher unbefruchtete Eier, es können keine Räupchen schlüpfen.
Weitere Schädlinge sind die Spinnmilbe, die Kräuselmilbe und die Blattgallmilbe. Sie können schon die Knospen und später die Blätter der Rebe befallen und aussaugen. Pflanzenteile verkümmern und fallen ab. Hier wird der wichtigste Feind dieser Schädlinge, die mit der Spinnmilbe verwandte Raubmilbe, zum Bundesgenossen des Winzers. Sie hat sich auf das Anstechen und Aussaugen der anderen Milben und deren Eier spezialisiert. In Weinbergen, in denen die Raubmilbe nicht oder nur spärlich vorkommt, kann der Winzer mit Blättern und Trieben aus Rebbeständen mit reichem Vorkommen nachhelfen.
Mit biologischen, d. h. nützlingschonenden Bewirtschaftungsmaßnahmen sorgt der Winzer dafür, daß das Ökosystem Weinberg von sich aus schädlingsregulierende Funktionen übernimmt. Entscheidend ist dabei, wie

groß und wie dauerhaft die Population von Nützlingen gegenüber den Schädlingen ist.

Die Rebsorten

Eine Zukunftsperspektive steht noch im Raum; wie hoch sie einzuschätzen ist, bedarf noch einer Antwort.
Die beiden Mehltaukrankheiten der Rebe, Oidium (echter Mehltau) und Peronospora (falscher Mehltau) wurden, wie die Reblaus, im 19. Jahrhundert aus Nordamerika eingeschleppt. Gegen diese Schadpilze besitzen die in Europa heimischen Reben keine natürlichen Abwehrmechanismen. Seit Anfang des 20. Jahrhunderts versucht die Rebenzüchtung, durch Kreuzung von amerikanischen mit europäischen Reben sowie durch Rückkreuzungen mit europäischem und asiatischem Pflanzgut zu Rebsorten zu kommen, die qualitativ gute Weine ergeben und eine entsprechende Resistenz gegen die Schadpilze zeigen.
Bei deutschen Züchtungsinstituten stehen seit einigen Jahren »pilztolerante« Rebsorten in der Prüfung, und bei Winzerbetrieben gibt es bereits Versuchsanstellungen.
Der Anbau solcher Sorten könnte Spritzungen mit chemischen Pilzbekämpfungsmitteln weitgehend entbehrlich machen. Ihr Anbau wäre eine Anpassung an die Produktionsbedingungen von heute und ein Beitrag für ein gesünderes Ökosystem Weinberg.
Weitere Forschungsarbeiten und Praxisversuche müssen endgültige Klarheit über den Wert solcher Neuzüchtungen für den Winzer und die Akzeptanz der Weine beim Verbraucher bringen. Bisher stand einer hohen Resistenz gegen die Schadorganismen eine befriedigende, eher mäßige Geschmacksqualität des Weines gegenüber. Vielleicht gelingt noch der große Wurf. Denkbar wäre auch ein Nebeneinander von klassischen und solchen neuen Sorten.
Zusammenfassend ist zu sagen: Es hat sich gezeigt, daß ein »naturnaher« oder »umweltschonender« Weinbau möglich ist. Ökonomie und Ökologie, also »Wirtschaftlichkeit« und »Umweltverträglichkeit« lassen sich ins Gleichgewicht bringen. Nur muß der Mensch begreifen, daß nicht er, sondern die Natur die Bedingungen stellt.
Der Winzer reguliert nicht Input und Output, ihm ist ein Teil der Schöpfung anvertraut.

Von der Traube in die Flasche: Eine zeitgemäße Beschreibung traditioneller Tätigkeiten

Die Weintraube: Reife und Eignung zur Weinbereitung

Nicht jede Traubensorte eignet sich zur Bereitung eines guten Weines. Man unterscheidet zwischen Tafeltrauben und Keltertrauben, und nur letztere geben einen Wein, wie ihn sich der Weinfreund und Weintrinker vorstellt. Tafeltrauben, wie man sie heute fast das ganze Jahr über zu kaufen bekommt, eignen sich vor allem deshalb nicht, weil sie wesentlich weniger Zucker enthalten, wenngleich sie ausreichend süß schmecken. Denn sie weisen gleichzeitig auch deutlich weniger Säure auf, sie sind nur scheinbar süß. Hinzu kommt, daß solche Trauben – wie die Erfahrung gelehrt hat – einen fast ausdruckslos schmeckenden Wein ergeben, ohne viel Aroma und sonstige, einen guten Wein ausmachende Geschmacksstoffe, wie zum Beispiel die Fruchtsäuren. In Griechenland, in der Türkei, in den USA, in Australien oder Chile werden große Mengen an Rosinen, Sultaninen oder Korinthen aus vorzugsweise kernlosen Trauben hergestellt. Aus diesen Ländern kommen in der Regel auch große Mengen an Tafeltrauben.

Die bekanntesten Keltertraubensorten sind in Franken Silvaner, Riesling, Müller-Thurgau, Bacchus, Traminer und Spätburgunder. Sie haben unterschiedlich lange Vegetationszeiten, d. h., sie werden nicht zum gleichen Zeitpunkt reif. Man teilt sie in früh, mittelfrüh und spät reifende Sorten ein. Allein schon deshalb erstreckt sich die Weinlese über mehrere Wochen.

Das Bestreben des Winzers ist es, seine Trauben so lange es geht am Rebstock reifen zu lassen, um zu einem hohen Gehalt an Zucker zu kommen, der zu etwa gleichen Teilen aus Traubenzucker (Name!) und Fruchtzucker besteht. Bei der Reife geht es aber nicht nur um die Zuckerbildung, sondern auch um die damit parallel laufende sogenannte »innere Reife«. Sie drückt die Fruchtsäuren auf ein harmonisches Maß, bildet besondere, sor-

tentypische Aromastoffe und viele andere Inhaltsstoffe in der Beere, die zum Gesamtbild eines guten Weines beitragen.
Bei den Rotweintrauben ist rote und blaue Färbung das sichtbare Zeichen der Reife. Zusammen mit den mit ihnen eng verwandten Gerbstoffen oder Gerbsäuren sind die Farbstoffe von essentieller Bedeutung für einen charaktervollen Rotwein.
Wie unschwer zu verstehen, ist das Warten auf höhere Oechslegrade (über diese später mehr) mit Risiko verbunden. Denn nur bei weitgehend trockener und auch sonniger Witterung bleiben die Trauben am Rebstock gesund und können in die erhoffte Qualität wachsen. Eine längere Schlechtwetterperiode verlangsamt die Zuckerbildung und läßt die Trauben faulen; in diesen Fällen kann sich die Qualität verschlechtern. Entscheidend ist dabei, wie weit dann die Trauben schon gereift sind. Über die sogenannte »Edelfäule« wird später noch zu sprechen sein.
Eine Besonderheit stellt die Gewinnung von Eiswein dar. Hier verhilft uns der (Nacht-)Frost zu einer Konzentration des Zuckers in der Traubenbeere. Die meist am frühen Morgen bei Scheinwerferlicht geernteten Trauben – man muß dem Auftauen der Beeren während des Tages zuvorkom-

Bei der Eisweinlese

men – müssen im gefrorenen Zustand gekeltert werden. Denn nur dann ist der Konzentrationseffekt (das Wasser gefriert aus) gegeben und die Herstellungsvorschrift erfüllt. Auch die Eisweingewinnung ist mit viel Risiko verbunden, mehr eine Spekulation, denn es müssen immerhin mindestens minus sieben Grad Celsius erreicht werden, will man überhaupt in den Oechslebereich kommen, welcher für den Eiswein erforderlich ist. Wer weiß schon im September oder Oktober, ob es in den folgenden Wochen zu solchen Minustemperaturen kommt? Bleibt der Frost aus oder kommt er erst im Februar, kann man die hängengelassenen Trauben vergessen. Weihnachten 1996 bereitete uns hier ein besonderes Geschenk: einen 1996er Weihnachts-Eiswein aus der Lage Zeiler Mönchshang, der vom Selbstvermarkter Nüßlein am ersten Weihnachtsfeiertag noch vor der Weihnachtsmesse gelesen wurde.

Welchen Einfluß hat nun die Weinbergslage im Zusammenspiel mit der dort gepflanzten Rebsorte auf die Weinqualität? Die Ansprüche an die Lage hinsichtlich Sonneneinstrahlung, Hangneigung, Bodenart, Kleinklima, Wasserversorgung u. a. m. sind bei den verschiedenen Rebsorten unterschiedlich groß. Der Winzer muß sehr wohl, will er einen Weinberg anlegen, um die Bonität oder Güte des Standorts wissen. Dann hat er mit der richtigen Sortenwahl die Möglichkeit, in dieser Lage einen guten, vielleicht sogar den besten Wein zu erzeugen.

Dies war nicht immer so. Denn bis vor etwa 150 Jahren gab es in Franken und anderen Gebieten die Bepflanzung eines Weinbergs mit einer einzigen Rebsorte so gut wie gar nicht, gepflanzt wurde aus »Sicherheitsgründen« – von der einen oder anderen Sorte wird es schon einen Ertrag geben – der sogenannte »Gemischte Satz«, ein Miteinander von Silvaner, Elbling, Traminer, Riesling und Gutedel, sehr unterschiedlichen und auch unterschiedlich reifenden Rebsorten, was eine gegenseitige Abstimmung von Rebsorte und Weinbergslage gar nicht ermöglichte. Die genannten Sorten Elbling und Gutedel stehen in Franken schon sehr lange Zeit als Qualitätssorten nicht mehr zur Diskussion. Der Anbau des Elbling, den es heute fast nur noch an der Obermosel und in Luxemburg gibt, vornehmlich als Sektgrundwein, wurde vor allem deshalb eingestellt, weil die Sorte nur geringe Oechslegrade bei gleichzeitig hohen Säurewerten bringt. Die Weine sind sehr neutral in ihrer Art. Die Sorte entsprach ab Ende des 19. Jahrhunderts nicht mehr den Vorstellungen an die Qualität des Frankenweines. Die Sorte Gutedel, die es in Deutschland fast nur noch im badischen Markgräflerland gibt, gilt als die älteste unserer Kulturreben. Sie ist etwas blüte- und frostempfindlich, die Weine sind wenig gehaltvoll und

säurearm. All das dürfte für den Rückgang dieser Sorte in Franken verantwortlich sein. Der Gutedel ist eine beliebte Tafeltraube, in geschützten Gärten und an Hauswänden gedeiht er vorzüglich.
Der Gepflogenheit der Pflanzung eines Sortengemisches dürfte es auch zuzuschreiben sein, daß in früheren Zeiten die sehr guten Weinbergslagen (Südhang, hohe Steigung, entsprechend gutes Kleinklima, Bodenformation, Windgeschütztheit usw.) einen höheren Stellenwert als heute hatten. Denn in solchen wurde eben auch der »Gemischte Satz« in vielen Jahren reif und brachte gute Qualitäten. Rühmte man einen Wein wegen seiner Vorzüglichkeit, dann war es die »sehr gute Lage«, welche dafür verantwortlich war. Von einer einzelnen Rebsorte war da so gut wie nie die Rede, es war ja auch nicht möglich.

Frankenweine.		Für 100 Liter Mark	Für die Flasche Mark
Verschiedene Landweine		40—50	—
Nordheimer, Mainstockheimer . .		50 - 60	—
Sommeracher, Wiesenbronner . .		60—70	—
Abtswinder, Fahrer		60—70	—
*Kitzinger, Escherndorfer		70—80	—
*Repperndorfer „Kaiser Karl" . .		80	—.75
Rödelseer „Trautberger Haus" .		80	—.75
Randersackerer, Volkacher Berg .		90	—.80
Eschernd. Kirchberg, Einersheimer		100	—.90
**Buchbrunner Berg „Eigenbau" .		115	1.—
Casteller Schlossberg		125	1 10
Rödelscer Küchenmeister . . .		140	1.25
*Repperndorfer Berg „Eigenbau" I		140	1.25
Sommeracher Katzenkopf . . .		150	1 40
*Schloss Vogelsburger 1889		160	1.50
Schalksberger, Steinwein .		180	1.60
Harfen Traminer		200	1.75
*Stein Riessling 1889 . . .		225	1.75
*Schlossberg 1886		—	2.—
Stein-Riessling 1886 u. 1874	in Boxbeuteln	250	2 —
Lämmerberger Riessling . .		—	2.50
*Stein-Riessling I 1889 . . .		—	3.—
„ 1884 . . .		—	3.50
1893 Hoersteiner Riessling I a. d. kgl. Hofkeller in Würzburg		—	3.50
Leisten Riessling 1893r . .		500	4.50
Innere Leiste Riessling Auslese 1884 (aus dem kgl. bayer. Hofkeller zu Würzburg)		—	6.—
Schaumweine.			
Grand vin royal, franz. Gährung .		—	2.—
Hausetiquette: Siligmüller		—	2.50
*Kaisersect „		—	3.—
*Moussirender Steinwein „		—	3.50
Perle deutscher Schaumw. „		—	4.50
*Jubiläumssect ‚extra cuvée' „		—	5.—
Echter Champagner. (Zollersparniss halber in Luxemburg abgez.)			
Foucher & Co. Epernay.	Bouzy mousseux .	—	3.50
	Ay mousseux . .	—	4.50
	Fleur de Sillery .	—	5.—
	Carte blanche . .	—	6.—
	Grand vin crémant	—	7.50

Bordeauxweine.	Für ein Oxhoft ca. 225 L. Mark	Für 100 Ltr. Mark	Für die Flasche Mark
Moullis, St. Emilion 1893	160	—	—
Château Mille Secousses (Mmc. P. Chesne Lafitte) 1893	200	100	1.—
*Château Beauval, Bassens (Paris und Damas) 1893	240	120	1.10
Château de Latresne (Comte de Bonneval) 1893	260	140	1.25
Château de St. Sèlve (Baron d'Eichthal) 1893	360	180	1.50
Château Chasse Spleen (Vve. J. J. Costaing) 1893	500	—	—
Château Peychaud 1891	180	100	—.85
*Château Lacaussade de Rivoire, Ambes 1892	200	110	1.—
*Château Calmeilh 1890	—	—	1.—
Poujeaux, St. Estèphe	200	110	1.—
Château St. Sauveur, St. Emilion 1890	240	125	1.10
Château St. Remi (Cruse fils, frères) 1891	260	140	1.25
*Château Couffins asques 1890 . .	—	—	1.25
Château Grillon 1888	—	—	1.25
St. Julien, Cantenac	260	140	1.25
*Château de Sans, St. Eulalie 1890	275	150	1.35
*Château Milon, Cissac	275	150	1.35
Trois moulins Margaux . , . .	—	—	1.35
Château Citran 1891 (Kressmann)	—	—	1.50
Pontet Canet, Léoville	320	165	1.50
**Château Pontet Pachan, Ludon 1890 (A. Lalande & Co.) . . .	320	165	1.50
Château Beychevelle	—	—	1.50
Canteloup, St. Estèphe 1890 . . .	—	—	1.75
Château Vaquey 1890 (Cruse) . .	—	—	1.75
Château Lafitte Carcasset . . .	—	—	2.—
*Chât. Laujac, Bégadan 1890 (Cruse)	—	—	2.25
*Château Lynch Bages 1891 (Cruse)	—	—	2.50
Pauillac 1890 (Cruse)	—	—	2.50
Château Grand Puy Ducasse (Cruse)	—	—	2.50
„ „ „ Lacoste (A. Lalande & Co.) .	—	—	3.—
„ Léoville 1887	—	—	3.—
„ „ Poyfferrée 1891 (Original A. Lalande & Co.)	—	—	4.—

Weinpreisliste der Firma Meuschel jr., Kitzingen, aus dem Jahre 1897

Noch Ende des 19. und zu Beginn des 20. Jahrhunderts trugen die »Normalweine« auf dem Etikett nur die Angabe der Gemarkung, selbst die Weinbergslage wurde nicht immer genannt, ebensowenig der Jahrgang. Wie die abgebildete Wein-Preisliste der Firma Wilhelm Meuschel jr., Kitzingen, aus dem Jahre 1897 zeigt, wurden nur die Bocksbeutelweine (Boxbeutel: Die Schreibweise mit »x«, war weit verbreitet und sogar beim königlich-bayrischen Hofkeller in Würzburg anzutreffen), welche aus erstklassigen, oft erst seit Mitte des 19. Jahrhunderts reinsortig, vor allem mit Riesling, Traminer, Ruländer und Spätburgunder bepflanzen Weinbergslagen stammten, mit einer Jahrgangs- und Rebsortenbezeichnung angeboten. Die Preisliste zeigt auch auf, welchen Handelswert der Frankenwein z. B. gegenüber den klassifizierten Gewächsen aus Bordeaux vor 100 Jahren hatte. So kosteten damals Bocksbeutel vom Würzburger Stein, Randersackerer Lämmerberg, von der Vogelsburg, vom Hörsteiner Abtsberg oder der Würzburger Inneren Leiste der Rebsorten Traminer und Riesling genau soviel oder sogar mehr als so hochgerühmte Rotweine wie Château Pontet Canet, Château Beychevelle, Château Puy Lacoste oder Château Leoville Poyfferree, für die heute fünf- bis zehnmal soviel oder noch mehr bezahlt wird als für die genannten Frankenweine.

Die Traubenlese

Ist die Traubenreife erreicht, so kommt es endlich zur »Weinlese«, das Hoffen und Bangen des Winzers hat ein Ende. Die Lese war vermutlich schon immer ein romantisch verklärter und besungener Höhepunkt im Weinjahr, aber auch der arbeitsintensivste Abschnitt in der Tätigkeit des Winzers. Ist sie vollbracht, zeigt sich die Erntemenge des Herbstes, und es läßt sich langsam ahnen, welche Gaben diesem Weinjahrgang von der Natur in die Wiege gelegt wurden.

Schon Wochen vor der Lese werden die benötigten Behälter, Gerätschaften und Maschinen einer gründlichen Kontrolle unterzogen, gereinigt, eventuell repariert und ergänzt. Man nimmt Kontakt auf mit den Leserinnen und Lesern, die schon in vergangenen Jahren bei der Traubenernte geholfen haben; nötigenfalls sieht man sich nach weiteren Kräften um. Es wird der sich abzeichnende Lesetermin mitgeteilt, auch wie es um die Reife der Trauben steht, ob eventuell eine weitere Traubensorte in Ertrag

Weinlese in den 50er Jahren

kommt und ob der Jahrgang die Gewinnung einer Spätlese oder Auslese verspricht. Die Lese der Trauben für solche Qualitäten, mehr noch die für eine Beeren- oder Trockenbeerenauslese, stellen an die Erntehelfer besondere Anforderungen und verlangen Sorgfalt und Geduld. In manchen Regionen oder Gemeinden bzw. für größere Weingüter wird es zunehmend schwieriger, ausreichend Leserinnen und Leser zu finden.

Auslese besonders reifer Trauben

Um zu qualitativ guten Ergebnissen zu kommen, werden zuweilen in einer »Vorlese« Trauben mit schlechtem Gesundheitszustand oder mangelnder Reife ausgesondert und verworfen. Die Geländebeschaffenheit sowie regionale Gepflogenheiten bestimmen bei der Handlese die Verwendung der verschiedenartigen Behälter und Verfahren zum Einsammeln und Transport der Trauben. Heute sind dies Eimer, Kästen und Wannen aus Kunststoff. Sie sind leichter zu handhaben wie zu reinigen und wiegen weniger.

Sie haben die früher eingesetzten Behälter aus Holz oder Metall abgelöst. Die in Eimern oder Büttchen von Hand mit der Schere abgeschnittenen, nicht selten nach Reife und Gesundheitszustand (Rotweintrauben!) getrennt eingesammelten Trauben werden in die *Butte* (andernorts auch *Logel, Legel* oder *Hotte* genannt) geschüttet. In diesen etwa 40 bis 50 Kilogramm fassenden Gefäßen bringt sie der Buttenträger zu den größeren Behältern auf den Fahrzeugen am Rande des Weinbergs. Vor allem in

Weinlese am Stein. Buttenträger beim Aufschütten der Trauben

Steillagen ist der Traubentransport mit der Butte eine mühsame Arbeit (der Buttenträger wird auch besser entlohnt). Deshalb sind mancherorts auch kleine Seilbahnen im Einsatz oder es werden bei entsprechender Geländeneigung und Zeilenbreite Kleintraktoren verwendet.
Eine spektakuläre Neuerung für die Weinwirtschaft war der Einsatz der sogenannten Traubenvollernter, die zur Mechanisierung der Lese Anfang der siebziger Jahre erstmals in Frankreich, seit 1977 auch in Deutschland ein-

gesetzt werden. Trotz anfänglicher Bedenken und Widerstände haben sich diese Traubenernte-Maschinen in fast allen großen Weinbauregionen der Welt durchgesetzt. Die wirtschaftlichen Vorteile sind unübersehbar, der Einsatz der Maschinen stellt eine große Arbeitserleichterung dar. Diese Spezialfahrzeuge vollziehen die Weinlese von einem Hektar in drei bis maximal fünf Stunden, bei der manuellen Lese werden etwa 300 Stunden angesetzt. Zudem ist zu bedenken, daß heute fast nirgendwo mehr die Ernte der Trauben alleine von Menschenhand einzubringen wäre. Die mechanische Lese bringt dank wesentlich verbesserter Maschinen auch qualitativ zufriedenstellende Ergebnisse. Spezialitäten wie Auslesen und noch höhere Prädikate können und dürfen sowieso nur von Hand gelesen werden. Die Maschinen verfügen über schonend arbeitende Schüttelwerke zum Abernten der Trauben und über eine gut funktionierende Absonderung von Blättern und Blattstielen. Natürlich sind den Erntemaschinen von der Hangneigung und z. B. von der Zeilenausrichtung oder der Bodenbeschaffenheit (Tiefgründigkeit nach Niederschlägen) Grenzen gesetzt. Die schon angesprochene sogenannte Vorlese, bei der Trauben von schlechtem Gesundheitszustand ausgesondert werden, ist vor allem bei Einsatz des Vollernters angebracht, da diese Maschinen keine Selektion ermöglichen.

In manchen Weinbaugemeinden bzw. bei verschiedenen größeren Weingütern Frankens hat sich der Brauch des gemeinsamen Einbringens der letzten Fuhre mit Gesang und Böllerschüssen sowie des Leseschlußfestes erhalten. Jung und Alt sitzen dann noch beim Federweißen zusammen, machen kräftig Brotzeit und unterhalten sich über die Ernte und die Qualitätsaussichten des eingebrachten Jahrgangs. Besondere Vorkommnisse bei der Lese werden ebenso diskutiert wie persönliche Erlebnisse und Begebenheiten. Man ist eine Familie. Schließlich wird noch das Tanzbein geschwungen, und die ganz Standhaften feiern bis in den frühen Morgen.

Über die Bräuche bei der Traubenlese in früheren Jahrhunderten, als noch der Fürstbischof geistlicher und weltlicher Regent war, gibt die Monatsschrift des unterfränkischen Weinbau-Vereins aus dem Jahre 1892 Auskunft. Dort wird ausgeführt: »Das Domkapitel oder eigentlich deren erster Prälat, der Dompropst (heute der als Sprecher und Vertreter des Domkapitels amtierende Domkapitular), spielte einst, als seine Herrlichkeit noch galt, eine Hauptrolle in der hiesigen Weinlese, während einige andere Domherren als sogenannte Herbstherren oder Reitherren ein Gleiches in anderen domstiftlichen Zehntorten des Landes thaten. Wenn die Trauben reif waren und hier der Dompropst mit ansehnlichem Gefolge seinen feierlichen Ausritt machte, verkündete dies den Anfang der Weinlese.

Dies geschah immer nach bestimmter Laubordnung, so daß die Weinbergsbesitzer einer Gegend gleichzeitig die Trauben ablasen, und sobald solches geschehen war, die Reihe alsdann distrikt- oder laubweise fortging (eine ›Laube‹ war der abgesteckte Teil einer Weinbergslage, eine Abgrenzung durch unterschiedlich reifende Rebsorten war aufgrund des ›Mischsatzes‹ garnicht möglich). In den Thälern, am Fuße des Weinberges wurde die Zehnt eingesammelt.
Nach geendigter Weinlese vereinigten sich die Aufseher (sie sollten dem Betrug bei der Abgabe des Zehntes vorbeugen) auf dem Felde, banden Strohschauben (Windlichter), zündeten diese nach der Abenddämmerung an, und zogen mit der letzten Beerenfuhre jauchzend in die Stadt, besonders wenn die Weinlese gesegnet ausgefallen war. Diesen meist bizarr maskirten Fakelzug nannte man: ›den Herbst einleuchten‹. Auch hiebei machte der Dompropst den Anfang. Je reicher seine Ernte war, desto stattlicher machte er das Einleuchten. So z. B. zog er im Jahre 1615 mit Pauken, Pfeifen, Trompeten, Schallmeien und Sackpfeifen, 70 brennenden Schauben und 40 ansehnlichen Reitern, Domherren, Adeligen und Ratsherren etc in die Stadt.«

Die Arbeit im Kelterhaus

Im Kelterhaus gehen Weißwein- und Rotweinbereitung getrennte Wege, auch erfordert letztere einen erhöhten und speziellen Arbeitsaufwand.
Als eine Laune der Natur kann man es bezeichnen, daß bei unseren Rotwein-Kultursorten die Farbe und ein Großteil der so wichtigen Gerbstoffe (Tannine) nicht im Fruchtfleisch oder im Saft der Beeren enthalten sind, sondern in der Beerenhaut. Werden Rotweintrauben wie Weißweintrauben gekeltert, so weist der Saft (besser Most) ein nur schwaches »Rosa« auf, eine für einen Rotwein niemals ausreichende Farbe. Solche Weine können »Weißherbst« oder »Rosé« ergeben. Für den Rotwein muß der Kellermeister erst die Farbe »aufschließen«; er muß dazu eines von zwei sich bietenden Verfahren anwenden. Entweder er erhitzt die Traubenmaische – ein Gemisch aus Saft und Beeren – auf Temperaturen von 50 bis 60 Grad Celsius, was dazu führt, daß die Farbzellen aufplatzen und die Farbpigmente in den Most gelangen. Oder er führt die sogenannte »Mai-

Historische Weinkelter im Stückfaßkeller des Staatlichen Hofkellers in Würzburg

schegärung« durch, bei welcher die Farb- und Gerbstoffe durch die alkoholische Gärung aus den Beerenhäuten gelöst werden.
In beiden Fällen werden vorher durch das Abbeeren (auch Entrappen oder Rebeln genannt) die Stiele oder Kämme (Rappen) von den Beeren abgetrennt. Damit wird vermieden, daß diese unerwünschte Geschmacksstoffe an den Most oder Wein abgeben. Diese Maßnahme wird auch weit überwiegend bei der Weißweinbereitung durchgeführt. In jedem Fall erfordert die Rotweinbereitung spezielle Kenntnisse und Fertigkeiten, und sie verlangt ein reiches Maß an Erfahrung. Alleine gut gereifte und farbkräftige Trauben machen noch keinen Rotwein, geschweige denn einen vorzüglichen Qualitätsrotwein. Die Maischegärung ist das klassische Verfahren, welches über Jahrtausende auch das einzige war. Sie führt meist zu etwas kräftigeren, gerbstoffbetonteren Rotweinen mit einem größeren Alterungspotential, während die aus der anderen Variante stammenden Erzeugnisse etwas schneller reifen und von leichterer Art sind. Beide haben ihre Liebhaber.
Daran schließt sich die Kelterung an. Mit der Annahme im Kelterhaus beginnt die Verarbeitung der Trauben, beim Weißwein wird noch am Tag der

Lese gepreßt. Mit dem Keltern, also der Gewinnung des Mostes, beginnt die kellerwirtschaftliche Seite der Weinbereitung. Aus 100 kg Trauben werden etwa 75 bis 80 Liter Most gewonnen, abhängig von Reifegrad und Rebsorte. Aus dem Rückstand, den Trestern, gewinnt man über die Kompostierung organischen Dünger. In manchen Regionen oder auch Betrieben finden diese erst über die Tresterschnapsbereitung (»Trester«, »Grappa« oder »Marc«) den Weg zurück in den Weinberg.

Qualitätseinstufung

Schon zu allen Zeiten war der Winzer bestrebt, nur aus reifen, wenn nicht gar vollreifen Trauben Wein zu bereiten. Ließ die Witterung ein völliges Ausreifen nicht zu, dann half man in früheren Zeiten mancherorts der Qualität nach, indem man die geernteten Trauben auf Strohmatten ausbreitete, um sie einem Schrumpfungsprozeß zu überlassen. Dies wurde bereits in der Antike von den Griechen praktiziert.
Auch in Franken bereitete man noch im 19. Jahrhundert in manchen Jahren »Strohweine«, wie der damalige Kellermeister Michael Oppmann in seiner Schrift »Der königliche Hofkeller zu Würzburg« aus dem Jahre 1849 berichtet. Erst durch die Verbesserung der Rebkultur, die Pflanzung höherwertigerer Rebsorten und die reinsortige Anlage des Weinbergs sowie das Hängenlassen der Trauben bis zur vollen Reife, d. h. durch eine »späte Lese« oder gar »Auslese«, war die Erzeugung von Strohweinen ab dem dritten Dezennium des 19. Jahrhunderts entbehrlich geworden. Michael Oppmann wörtlich: »Das so ausgezeichnete Weinjahr 1846 gab auch Franken Gelegenheit, die Vortheile der Spätlese zu benutzen, wodurch von der Leiste, dem Stein und anderen Lagen Weine gewonnen wurden, die sich an die Seite der besten Erzeugnisse Deutschlands stellen können, und jeden Vergleich ehrenvoll bestehen.« Es kann angenommen werden, daß im genannten Jahr die erste fränkische Spätlese geboren wurde.
In manchen Ländern, so beispielsweise in Italien, wird eine solche Trocknung der Trauben nach der Lese und die oft zwei bis drei Monate spätere Kelterung noch heute praktiziert. In den betreffenden Ländern und Regionen gibt es dann solche Erzeugnisse mit Likörweincharakter als Spezialitäten.
Zur Qualitätsbewertung und -einstufung des Traubenmostes wird nach wie

Titelseite des Buches »Der Königliche Hofkeller in Würzburg« von Michael Oppmann, 1849

vor das Mostgewicht, in Deutschland ausgedrückt in Grad Oechsle, herangezogen, im wesentlichen ein Maß für den Zuckergehalt der Trauben. In anderen Ländern wird die Güte in Vol.% Alkohol ausgedrückt, auch wenn dort ebenfalls das sog. »Mostgewicht« (mehr oder weniger der Zuckergehalt) bestimmt wird. Man rechnet nur eben in den späteren Alkoholgehalt um.
Vom Gesetzgeber sind folgende Qualitätsgruppen geschaffen, nach denen der Winzer seine Einstufungen vorzunehmen hat:

- Tafelwein/Landwein
- Qualitätswein und
- Qualitätswein mit den Prädikaten Kabinett, Spätlese, Auslese, Beerenauslese, Trockenbeerenauslese sowie Eiswein.

Hierfür gibt es als natürliche Mindestvoraussetzungen beim Most bestimmte Werte, ausgedrückt in Grad Oechsle oder Vol.% Alkohol, welche nicht für alle deutschen Weinbaugebiete gleich hoch sind. Es wird den klimatischen Gegebenheiten Rechnung getragen.

Für Franken sehen die Werte wie folgt aus :	Mindestwerte	
	°Oe	Vol.% Alkohol
Tafelwein	50	6,0
Qualitätswein		
für alle Rebsorten	63	8,0
für Bocksbeutelweine	70	9,1
Qualitätswein mit Prädikat		
◆ Kabinett		
Riesling, Silvaner	78	10,3
übrige Weißweinsorten, Rosé, Weißherbst und Rotling	80	10,6
Rotwein	85	11,4
◆ Spätlese		
Riesling, Silvaner	87	11,7
übrige Weißwein- und Rotweinsorten sowie Rotling	90	12,2
◆ Auslese		
alle Rebsorten	100	13,8
◆ Beerenauslese und Eiswein		
alle Rebsorten	125	17,7
◆ Trockenbeerenauslese		
alle Rebsorten	150	21,5

Die genannten Werte sind Voraussetzung für die (vorläufige) qualitative Zuordnung eines Weines. Die endgültige Einstufung bleibt der Entscheidung der Kommission bei der amtlichen Qualitätsweinprüfung vorbehalten. Dort kann es zu einer Abstufung kommen, wenn der Wein zwar den gesetzlichen Vorgaben bei den Oechslegraden genügt, nach dem Urteil der Prüfer aber im Geschmacksbild der beantragten Qualitätsstufe nicht entspricht.
Die Bezeichnungen Rosé, Weißherbst und Rotling sind erklärungsbedürftig. Rosé ist die Bezeichnung für einen Wein aus Rotweinsorten, der ohne Farbaufschluß sofort gekeltert wurde und infolgedessen nur eine zartrote Farbe aufweist. Ist der Rosé nur aus einer einzigen Rebsorte gekeltert, so

darf er die Bezeichnung Weißherbst tragen. Die deutschen Anbaugebiete haben diese Weinbezeichnung auf bestimmte Rebsorten begrenzt. Rotling ist ein Wein von ebenfalls nur schwacher Rotfärbung, der durch das gemeinsame Keltern von Weiß- und Rotweintrauben, ebenfalls ohne Farbaufschluß, erzeugt wird. Ein solcher Wein darf in Württemberg traditionell »Schillerwein« heißen. Vorgeschrieben sind auch Mindestwerte für den Alkoholgehalt eines Weines. In Jahren mit einer weniger günstigen Witterung kann es dazu kommen, daß der von der Traube gebildete Zucker nicht ausreicht, um die geforderten Werte zu erreichen und so der spätere Wein nicht den Alkohol aufweist, der üblich und für das Geschmacksbild erforderlich ist. Für Tafelweine sind 8,5 und für Qualitätsweine 9 Vol.% vorgeschrieben.

In solchen Fällen ist die sog. Anreicherung oder Verbesserung des Mostes vonnöten, d. h. der Zusatz von Zucker zum Most vor der Vergärung.

Diese Maßnahme steht bisweilen in der Kritik des Verbrauchers, in den allermeisten Fällen des unkundigen. Unkundig deshalb, weil dieser nicht weiß, daß nicht der Wein, sondern der Most angereichert wird, bevor die Gärung einsetzt und der Zucker ebenso wie der traubeneigene von den Hefen in Alkohol umgesetzt wird. Weiter weiß der Kritiker nicht - er will es vielleicht auch nicht wissen -, daß selbst in Weinbauländern, in welchen ein relativ hoher natürlicher Zuckergehalt der Trauben die Regel ist, die Anreicherung praktiziert wird. Bordeaux und Burgund sind hierfür bekannte Beispiele. Nur so ist es auch zu verstehen, daß praktisch immer nur der deutsche Wein in der Kritik steht, die Weine anderer Länder aber »heilige Kühe« sind.

Qualitätsweine mit Prädikat, also Kabinett, Spätlese usw., dürfen keine Anreicherung erfahren. Bei diesen müssen die Trauben so viel Reife erlangt haben, daß in jedem Fall die geforderten Mindestwerte schon in der Beere erreicht werden. Früher wurden diese Erzeugnisse auch »Naturweine« genannt. Die Prädikatsregelung mit dem gleichzeitigen Verbot der Anreicherung gibt es nur beim deutschen Wein.

Alkoholische Gärung und Bremser

Seit urdenklichen Zeiten ist die Umwandlung zuckerhaltiger Flüssigkeiten in berauschende Getränke, also die Vergärung von Zucker in Alkohol, bekannt, jedoch gelang es der Wissenschaft erst im 19. Jahrhundert, die Vorgänge um diesen Prozeß aufzuklären.
Die alkoholische Gärung wird von einzelligen Organismen, den Hefen, vollzogen. Diese kommen überall dort in der Natur gehäuft vor, wo es zuckerhaltige Lösungen oder Früchte gibt, so auch auf den Trauben. Von diesen gelangen sie als »Gärungserreger« in den Most, wo sie sich vermehren und die Gärung einleiten. Die Hefe bringt erstaunliche Leistungen fertig, nicht nur, daß es ohne sie weder Wein noch andere Gärungsgetränke gäbe, auch einen großen Teil unseres täglichen Brotes verdanken wir diesem Organismus. Selbst für die Herstellung mancher Käsesorten ist sie unentbehrlich. Erstaunlich auch, unter welchen für sie ungünstigen Bedingungen, z.B. tiefen Temperaturen, sehr hohen Zuckergehalten und Säurekonzentrationen, hohem Druck (Schaumwein), sie ihre Tätigkeiten entfaltet. Auch aus ernährungsphysiologischer Sicht ist sie als positiv zu bewerten.
Unter den zahlreichen, in der Natur vorkommenden Heferassen eignen sich für die alkoholische Gärung des Weines nur die echten »Weinhefen«. Im Weinberg kommen eine ganze Reihe Hefen vor, von denen die eigentliche Weinhefe nur einen ganz geringen Teil ausmacht. Deshalb kann und will sich der Kellermeister nicht darauf verlassen, daß die Gärung wie gewünscht zügig angeht und verläuft, also die Hefen aus dem Weinberg die nötige Aktivität und die gewünschten Eigenschaften besitzen. Er setzt deshalb eine Reinzuchthefe zu, damit eine reintönig verlaufende Gärung und ein gutes Endprodukt gesichert sind. Der Kellermeister sieht es dem Most ja nicht an, ob er genügend bzw. ausreichend aktive Hefen enthält. Ist dies nicht der Fall, so kann es u. U. mehrere Tage dauern, bis eine Gärung zustande kommt. Mit der Folge, daß in dieser Zeit andere Mikroorganismen, wie »wilde« Hefen, Essigbakterien oder gar Schimmelpilze in dem für sie hervorragenden Nährmedium Most Aktivitäten entfalten und den späteren Wein schädigen. Kommt dagegen der Most schnell in Gärung – durch den Zusatz der Reinzuchthefen ist dies garantiert –, haben Fremdorganismen so gut wie keine Chancen, sich zu entwickeln oder gar dominant zu werden. Selbstverständlich tragen die natürlich vorkommenden Hefen auch ihren Teil zur Gärung bei.
Um den Vorgang der alkoholischen Gärung, deren augenfälligste Sym-

ptome die brodelnde Bewegung und das Schäumen des Mediums sowie typische Gerüche sind, gab es in früherer Zeit sehr viel Spekulationen und Geheimnisse. Die noch heute für den Äthyl- oder Gärungsalkohol verwendete Bezeichnung »Weingeist« zeugt davon.

Die alkoholische Gärung beeinflußt die Geschmacksqualität des Weines entscheidend. Denn zu den von der Traube kommenden Aromen, welche je nach Rebsorte unterschiedlich stark in Art und Intensität ausgeprägt sein können – man denke nur an Traminer, Scheurebe und Bacchus einerseits, an Silvaner, Riesling und Weißburgunder andererseits –, kommen die bei der Gärung entstandenen Sekundäraromen hinzu. Auch andere Stoffe, wie das geschmacksträchtige Glycerin, höhere Alkohole oder Säuren, werden von der Hefe gebildet. »Höhere Alkohole« ist der Globalbegriff für eine Reihe von Alkoholen, welche bei der Gärung von den Hefen, vor allem den Wildformen, aus dem Zucker gebildet werden. Sie sind aromagebende Stoffe, die den Geruch und Geschmack des Weines mitbestimmen. Sie gehen in der Zeit nach der Gärung, also beim Reifen des Weines, zum Teil mit verschiedenen Säuren Verbindungen ein und ergeben dann die sogenannten Fruchtester, zum Bukett beitragende Stoffe. Ein erhöhter Gehalt an diesen Alkoholen ist nicht erwünscht, da diese Verbindungen, wenn sie in freier Form vorliegen, sehr viel berauschender als der normale Gärungsalkohol und für den Organismus unverträglicher sind. Durch den Einsatz von Reinzuchthefen und das damit verbundene schnellere Angären kann der Bildung von höheren Alkoholen, auch »Fuselöle« genannt, entgegengesteuert werden.

Für nicht wenige Liebhaber und Kenner ist die Zeit des Bremsers oder Federweißen eine eigene Jahreszeit. Von kaum einem anderen alkoholischen Getränk wird, zumindest in Weinbaugegenden, zu einer bestimmten Jahreszeit so positiv und schwärmerisch gesprochen. Da führt man »Bremserkuren« durch, spricht von »Blutreinigung« und »Gesundbrunnen« durch den Genuß dieses Getränkes. Dabei meint fast jeder etwas anderes, wenn er von »Bremser« und »Federweißen« oder auch »Bitzler«, »Sauser« oder »Brauser« spricht. Verständlich, denn zu verschieden sind die Gärstadien dieses Getränkes, wenn es genossen wird. Zu unterschiedlich ist auch die Prägung durch Rebsorte, Jahrgang (Reife), Säuregehalt, unvergorenen Zucker und Gärtemperatur (der Bremser muß mindestens Zimmertemperatur haben!). Letztendlich spielt es auch eine Rolle, ob und was man dazu ißt. Sehr oft entscheiden nur wenige Stunden im Fortgang der Gärung, ob der Bremser optimal schmeckt oder nicht ganz bzw. schon etwas zu weit vergoren ist.

Der ehemalige fränkische Weinbaupräsident (Bürgermeister und Organist von Iphofen) Johann Ruck beim Federweißen

Die im Verhältnis zum späteren Wein etwas stärkere »Wirkung« des Bremsers hat folgende Gründe: Während der Gärung liegen die ebenfalls von der Hefe gebildeten, mit einer berauschenderen Wirkung versehenen sogenannten »Höheren Alkohole« (siehe oben) in größeren Konzentrationen vor. Sie und die reichlich vorhandene Kohlensäure, welche für einen rascheren Übergang des Alkohols ins Blut sorgt, machen die »Wirkung« aus. Man überschätzt sich vielleicht auch etwas und trinkt mehr.
Die Gärungskohlensäure entsteht zur Bremserzeit im Weinkeller in großen Mengen; aus einem Hektoliter Most entstehen etwa 45 Hektoliter Kohlendioxid. Dieses CO_2 ist schwerer als Luft, ohne Eigengeruch und staut sich sehr heimtückisch am Kellerboden. Schon zehn Prozent in der Kellerluft verursachen schwere Atemnot, fünfundzwanzig Prozent sind tödlich.
Man darf den Gärkeller nur betreten, wenn entsprechend gelüftet bzw. für eine laufende Frischluftzufuhr gesorgt ist. Das Erlöschen einer Kerze, die man beim Betreten des Kellers in der Hand hält, bedeutet beim Weitergehen Lebensgefahr. Das Aufstellen und Anzünden von Kerzen im Keller hat seinen Ursprung in dieser Sicherheitsmaßnahme. (Von der Mitnahme von Dackeln ist dringend abzuraten!)

Behandlung und Lagerung des Jungweines

Mit der ausklingenden Gärung setzt sich die Hefe am Boden des Gärbehälters ab, der Jungwein fängt an, sich zu klären. Nun beginnt das, was man als »Ausbau« des Weines bezeichnet. Der Jungwein wird behandelt, filtriert, gelagert und damit der Reifung überlassen.
Mit dem Ausbau soll ein farblich, geruchlich und geschmacklich einwandfreier Wein erreicht werden. Dieser muß sich ohne jegliche Trübung, reintönig und auch haltbar präsentieren. Um dahin zu gelangen, sind in der Regel eine Klärung durch Filtration, die Schwefelung und eventuell eine Behandlung erforderlich.
Die Filtration, d. h. die Befreiung des jungen Weines von der Resthefe und von Trübstoffen mannigfaltiger Art beruht auf sehr alten Erfahrungen. In der Antike wurden Sieb- und Sackfilter, später Tuchfilter eingesetzt. Heute verwendet man als Filterhilfsstoffe Cellulose und Baumwollfaser oder ein Material, das aus beiden besteht und auf welches Kieselgur aufgetragen wird. Bei der Kieselgur handelt es sich um eine sogenannte Diatomeenerde, welche aus dem Gerüst fossiler Kieselalgen besteht (unlösliche Silizium- und Aluminiumoxide). Diese wird im Tagebau (frühere Meere) ge-

Schichtenfilter zur Klärung des Weins

fördert, sorgfältig gereinigt, getrocknet und in bestimmte Feinheitsgrade gemahlen (Filtrierleistung).
Durch die Filtration, der möglicherweise eine Behandlungsmaßnahme vorausging, erhält man nicht nur einen blanken, sondern auch einen physikalisch und biologisch stabilen Wein.
Solange es eine Weinbereitung gibt, also seit der Antike, gibt es den Einsatz von »Schwefel«. Im wesentlichen schützt dieser den Wein vor Mikroorganismen und vor einer Oxidation (Braunwerden) und man erreicht gleichzeitig auch eine Geschmacksstabilität.
Zum Thema »Schwefel und Wein« gibt es immer wieder einmal kritische Stimmen, ähnlich wie bei der »Anreicherung« in der Regel von Personen, die keine Ahnung haben, in welchen Konzentrationen »Schwefeldioxid« bzw. »schweflige Säure« eingesetzt werden oder im Wein vorliegen.
Zunächst einmal ist anzuführen, daß der Gesetzgeber Grenzwerte festgelegt hat, deren Einhaltung immerwährend kontrolliert wird. In den allermeisten Fällen werden diese Werte bei weitem nicht erreicht, denn jeder Kellermeister weiß, daß er mit dem Behandlungsstoff »Schwefel« sorgsam umzugehen hat. Dann ist zu bemerken, daß der menschliche Organismus in der Lage ist, die schweflige Säure mit Hilfe eines körpereigenen Enzyms, der Sulfitoxidase, abzubauen und auszuscheiden. Die dem Körper mit dem Wein zugeführten Mengen liegen deutlich unterhalb jener Menge, welche bei verschiedenen Stoffwechselvorgängen sowieso täglich im Organismus entstehen und auf gleichem Wege abgebaut werden. Die schweflige Säure, allgemein nur »Schwefel« genannt, ist also keineswegs eine dem menschlichen Organismus fremde Substanz. Natürlich gibt es auch bezüglich der schwefligen Säure Personen, welche allergisch reagieren. Diese müssen Wein dann genauso meiden wie andere mit schwefliger Säure haltbar gemachte Lebensmittel (z. B. Trockenkartoffeln oder Rosinen).
Dem »Schwefel« wird häufig die Schuld für das Kopfweh am nächsten Tag zugeschrieben. Schuld daran kann schon die schweflige Säure haben, und zwar dann, wenn sie zwar innerhalb des Grenzwertes, aber dennoch relativ hoch liegt. In solchen Fällen ist sie dann an ein Gärungsnebenprodukt, den Acetaldehyd, gebunden. Diese Substanz, welche dem Organismus nicht sehr zuträglich ist, kommt in jedem Wein in unbedenklichen Mengen vor; werden jedoch bei der Weinbereitung, in diesem Falle beim Einsatz der schwefligen Säure, Fehler gemacht, kann es zu erhöhten Gehalten und damit auch zu einem höheren Wert dieser beiden Stoffe kommen. Deren Wirkungen wiederum addieren sich dann, was schließlich bei empfindsamen Personen zu Kopfweh führen kann. Oft wird aber auch, das sei hier ausdrücklich betont,

dem »Schwefel« die Schuld am Kopfweh zugeschrieben, wenngleich die zu große Menge getrunkener Schoppen schuld ist. Aber wer gibt schon gerne zu, deutlich einen über den Durst getrunken zu haben? Schließlich verträgt man ja eine Menge! Das persönliche Wohlbefinden am Tag des Weingenusses, eventuell stärkeres Rauchen oder gar ein sich mit Alkohol nicht vertragendes Medikament haben nicht selten einen negativen Einfluß auf die Bekömmlichkeit eines Weines oder anderen Getränkes.

Bisweilen ist, meist jahrgangsabhängig, der Einsatz von Behandlungsstoffen, eine sogenannte »Schönung«, erforderlich. So kann mit Hilfe von Speisegelatine eine bessere Klärung erreicht werden. Früher kam »Hausenblase« als Klärschönungsmittel zum Einsatz. Diese Substanz ist eiweißhaltig, sie wird aus der Schwimmblase der Fischarten Hausen, Wels und Stör gewonnen. Sie wirkt klärend und verfeinert die Qualität des Weines, indem sie sich mit Gerbstoffen oder gerbstoffartigen Trübstoffen verbindet und mit diesen zu Boden sinkt. Einzusetzende Behandlungsstoffe sowie Höchstmengen sind gesetzlich geregelt, gesundheitsschädliche Stoffe läßt der Gesetzgeber sowieso nicht zu. Nachweislich steht fest, daß der Wein noch zu keiner Zeit so rein und unbelastet war wie heute. Und es standen auch noch nie so viele und umfangreiche Möglichkeiten der Kontrolle zur Verfügung.

Der filtrierte Wein lagert bis zur Flaschenfüllung im Holzfaß oder Tank. In der Zeit der Lagerung ist es Aufgabe des Kellermeisters, die Weine im Keller zu verkosten, ihre Entwicklung zu verfolgen, um letztendlich zu entscheiden, wann die sogenannte »Flaschenreife« erreicht ist und die Abfüllung erfolgen kann. Hierzu gehört viel Erfahrung und natürlich eine gute »Zunge«. Schließlich will man den Wein nicht zu früh in die Flasche bringen, ihm andererseits auch »Entwicklungsreserven« mitgeben. Dies bedeutet, daß er erst in der Flasche zur höchsten Geschmacksreife gelangt; von einem Wein gehobener Qualität kann man auch eine bessere Lagerfähigkeit erwarten.

Die Ansprüche des Verbrauchers, Weintrinkers oder Weinkenners an die Geschmacksqualität des Weines sind sehr vielfältig, sie lassen sich in kein Schema pressen. Während der eine am liebsten junge, frische, noch etwas vom Gärbukett geprägte, vielleicht auch fruchtige Weine schätzt, verlangt der andere einen Wein, der mindestens schon zwei, drei oder mehr Jahre Lagerung hinter sich hat. Ganz allgemein ist zu sagen, daß sich Weine von im Weinberg früher reifenden Rebsorten sowohl im Großbehältnis als auch in der Flasche etwas schneller entwickeln als jene von spätreifenden. Sie schmecken oft schon in ihrer Jugend sehr angenehm und werden oft-

mals auch ein, zwei Jahre nach der Ernte getrunken. Als Beispiele seien hier Müller-Thurgau, Bacchus sowie Kerner genannt.
Später gelesene Sorten, wie Silvaner, Riesling, Grau- und Weißburgunder, Traminer, Scheurebe und die fränkische Spezialsorte Rieslaner sowie die Rotweinsorten kommen nicht nur später zum Höhepunkt der Geschmacksreife, sie halten diesen dann oft auch über mehrere Jahre – vor allem, wenn sie einem überdurchschnittlich guten Jahrgang entstammen und die entsprechende Reife aufgewiesen haben. Dies soll aber nicht heißen, daß nicht auch die früher reifenden Sorten Weine ergeben können, welche eine gute Lagerfähigkeit besitzen.
Eine generelle Aussage, wie lange ein Wein gelagert werden kann, ist durch keine chemische Analyse zu ermitteln und auch vom Fachmann nur schwierig zu treffen. Vor allem dann, wenn er den Wein nicht verkostet hat oder nicht verkosten kann. Da ist es nur möglich, Tendenzen aufzuzeigen, wenn Jahrgang, Weinbergslage, Rebsorte und die Qualitätsstufe bekannt sind. Und dann muß es auch ein »echter«, kein »angelesener« Fachmann sein, der über entsprechende Erfahrung verfügt und auch dementsprechende Kenntnisse über ähnliche oder vergleichbare Weine früherer Jahre aus seinem Gedächtnis abrufen kann. Eine solche Aussage ist auch schon deshalb schwer, weil kaum einmal ein Jahrgang einem anderen entspricht und weil es Unterschiede hinsichtlich der Entwicklung der Weine eines Jahrgangs gibt. So kann es sein, daß eine Rebsorte durch eine außeror-

Legendäre Frankenweine:

1959er Großheubacher Bischofsberg, Spätburgunder, Staatlicher Hofkeller
1963er Casteller Schloßberg, Rieslaner, Domänenamt Castell
1967er Iphöfer Burgweg, Silvaner feine Auslese, Wirsching
1975er Würzburger Innere Leiste, Riesling Spätlese, Staatlicher Hofkeller
1976er Abtswinder Altenberg, Scheurebe Auslese, Staatlicher Hofkeller
1992er Randersackerer Pfülben, Rieslaner Auslese, Juliusspital. Von diesem Weinberg und dieser Sorte gab es auch eine Trockenbeerenauslese, die mit 258°Oe das Spitzenmostgewicht Deutschlands für diesen Jahrgang brachte!
1993er Escherndorfer Lump, Silvaner Spätlese, Horst Sauer
1998er »Veit« Tauberzeller, Silvaner Eiswein

dentlich hohe Geschmacksqualität besticht, die man kaum je gekannt hat. Oder Erzeugnisse aus einer bestimmten kleinen Region oder einer Weinbergslage, vielleicht mit einem besonderen Kleinklima, ergeben im Verlauf der Lagerung einen außerordentlich wertvollen und liebenswerten Wein. Kaum ein Jahrgang ohne Überraschungen. Durch die Ungewißheit über den nächsten Weinherbst, d. h. über Erntemenge, Traubenreife, Geschmacksqualität der resultierenden Weine u. a. m. ist das Leben des Winzers immerzu von Spannung geprägt. Natürlich macht dies auch mit den Reiz des Winzer- oder Kellermeisterberufes aus.

Faß oder Tank?

Dem Kellermeister stehen eine Vielzahl von Behältern unterschiedlichster Größen und Materialien zur Verfügung.
Das Holzfaß ist schon lange nicht mehr der einzige Lagerbehälter, und es verliert zunehmend an Bedeutung. Das hat vielfältige Gründe.
Schon wegen seines Werkstoffes ist das Holzfaß eines der empfindlichsten und pflegebedürftigsten Behältnisse, das bei der Weinbereitung eingesetzt wird. Eine nachteilige Beeinflussung des Weingeschmacks durch das Holz ist nie auszuschließen. Die immerzu notwendige Reinigung, Pflege und Konservierung ist umständlich und arbeitsaufwendig. Holz ist, vor allem in feuchten Kellern, anfällig für Schimmelbildung und Stockigwerden, durch die große Verdunstungsfläche ist der Schwund beträchtlich. Bei der Cognac-Bereitung bezeichnet man den durch Verdunstung aus dem Holzfaß entweichenden Alkohol als den »Anteil der Engel«! An der Weinoberfläche (Hohlraum) entwickeln sich schädliche Mikroorganismen, und es kommt zu Oxidationsvorgängen, d. h. zu negativen Veränderungen im Wein. Eine ständige Überwachung von Wein und Faß ist erforderlich.
Über einen kurzen Zeitraum, bis zum Erreichen der Füllreife, ist der Einfluß des Holzes auf den Wein durchaus positiv. Danach baut der Wein mehr und mehr ab, es kommt schließlich zu einem trockenen, holzigen bis dumpfen Geschmack. Dabei zeigt sich fast jedes Faß anders, je nach Qualität des Holzes und dessen Lagerung vor der Fertigung. Und auch je nach Kellerklima (Feuchtigkeit, Temperatur). Bei den heutigen Ansprüchen des Konsumenten an die Qualität des Weines darf ein Lagerbehälter vom Material her den Wein in keiner Weise negativ beeinflussen.

Der Barrique-Keller im Weingut Fürst in Bürgstadt

Weinkeller mit Edelstahltanks, Weingut Schmitts Kinder, Randersacker

Durch die vorgegebenen Formen und Größen ist beim Faß die Raumausnutzung relativ schlecht, und die geringe Wärmeleitfähigkeit des Holzes läßt ein direktes, eventuell notwendiges Abkühlen des Mostes bei der Gärung nicht zu. Andere Behälter haben gegenüber dem Holzfaß deutliche Vorteile, unter anderen, daß sie pflegeleicht sind. Ergänzend ist noch anzuführen, daß jenes wesentlich teurer in der Anschaffung ist und, wie sich aus Gesagtem ableiten läßt, auch im Gebrauch. Die anderen Behältnisse sind größtenteils aus Edelstahl sowie aus Kunststoff, in älteren Kellereibetrieben auch aus Beton mit einer Innenauskleidung. Die Fässer sind so gut wie alle aus Eichenholz, sie haben meist die Größen 1200 Liter (in Franken ein »Stückfaß«) oder 2400 bis 3600 Liter (»Doppelstück« oder »Dreistück«). An der Mosel ist das »Fuder« mit 1000 Litern zu Hause, im Rheingau hat noch das »Halbstück« (600 Liter) eine gewisse Bedeutung. Alle Faßgrößen werden sowohl als Gärbehälter wie auch für die Lagerung benutzt. Neuerdings hat das Holzfaß für Erzeuger und Verbraucher neues Interesse geweckt: gemeint ist das etwa 225 Liter fassende »Barrique«. Weshalb so eine ungewöhnliche Größe? Die Erklärung: Im Weinbaugebiet Bordeaux gibt es die Handelsgröße »tonneau« für Wein, welche 900 Liter ausmacht, also 4 Barrique-Fäßchen entspricht.

Das Barrique hat als Holzfaß eine andere Funktion. Hier will man Geschmacksnoten des Holzes auf den Wein übertragen wissen, eine solche

Note wird gesucht. Ursprünglich war dieses kleine Faß in verschiedenen Weinbauregionen Frankreichs im Einsatz. Es hat mit der internationalen Verbreitung der in diesem Land beheimateten Rebsorten Chardonnay (Weißwein, mit Schwerpunkt Burgund) sowie Cabernet und Merlot (Rotwein, mit Schwerpunkt Bordeaux) in den Kellern sehr vieler Weinbauländer der Welt Eingang gefunden. Diese Fäßchen, meist aus in Frankreich gewachsener Eiche gefertigt und eingebrannt (»getoastet«), können das Geruchs- und Geschmacksbild eines Weines nachhaltig beeinflussen. Ausschlaggebend ist die Verweildauer und ob es sich um ein neu gefertigtes (Erstbefüllung) oder ein bereits gebrauchtes Barrique handelt. Hier gilt es für den Kellermeister wohl abzuwägen, wieviel der Noten aus dem Holz man dem jeweiligen Wein zumuten kann, soll er nicht seinen eigenen Charakter verlieren. Generell läßt sich sagen, daß Weißwein weniger gut als Rotwein geeignet ist, vor allem wenn letzterer gehaltvoll und mit eigenen Gerbstoffen (Tanninen) gut ausgestattet ist, welche sich mit denen des Holzes geschmacklich harmonisch verbinden können.
Bei Weinen, welche traditionell in größeren Fässern gelagert werden, kommt die vom Holz stammende Geschmacksnote sehr viel dezenter, oft kaum spürbar zum Tragen. Hier spielt ebenfalls die Dauer der Lagerung des Weines in einem solchen Faß die entscheidende Rolle.
Die Lagerdauer im Barrique ist abhängig davon, wieviel dieser Holzaromen der betreffende Wein »verträgt« bzw. was der Kellermeister glaubt, wie weit der Abnehmer seiner Weine dies akzeptiert. Die Lagerzeit geht von zwei oder drei Monaten bis zu etwa einem Jahr. Hier kommt es sehr stark auf den Wein selbst an, d. h. auf seine »Qualität« und seine Inhaltsstoffe. Über die Dauer der Lagerung im Barrique entscheidet alleine die Geschmacksprüfung, eine Entscheidungshilfe in Form einer chemischen Analyse gibt es nicht. Mit welcher Art von Behältern ein Betrieb ausgestattet ist, hängt letztendlich von der Größe des Betriebes, vom Preis der Behälter sowie deren Wirtschaftlichkeit ab. Die Vorstellungen des Winzers, des Kellermeisters, des Betriebsleiters und deren Philosophie über Wein und Weinausbau einschließlich der Geschichte des Betriebes sind ebenfalls von Einfluß auf die Entscheidung.
Nicht wenige Betriebe haben sowohl Holzfässer als auch Edelstahltanks und damit die Möglichkeit, sich den Marktbedürfnissen und auch den Wünschen des Kunden anzupassen. Die Würzburger Weingüter »Staatlicher Hofkeller«, »Juliusspital« und »Bürgerspital zum Heiligen Geist« können hier beispielhaft angeführt werden.

Die Abfüllung in die Flasche und das Etikett

Für die Abfüllung des Weines in Flaschen gibt es eine Reihe von Maschinen, die vom einfachen Handfüller bis zur vollautomatischen Anlage reichen. Einher geht damit meist auch die Etikettierung, das Anbringen der Kapsel und die Verpackung. Welche Flaschenart der Abfüller wählt, bleibt ihm überlassen, er muß nur die vorgeschriebenen Nennvolumina einhalten. Dies sind folgende Größen : 0,25 - 0,375 - 0,5 - 0,75 - 1,0 , selten 1,5 und 2,0 Liter. Für den Frankenwein gilt die Einschränkung, daß in die Bocksbeutelflasche nur Qualitätswein (mindestens 70° Oe) beziehungsweise Qualitätswein mit Prädikat gefüllt werden darf, nicht jedoch Tafelwein.

Beim Sekt und Rotwein nennt man die Großflaschen mit 1,5 bzw. 3,0 Liter Inhalt »Magnum« bzw. »Doppelmagnum«, letztere heißt in Frankreich auch »Jerobéam«. Aus früheren Zeiten gibt es noch die »Rehobéam« mit sechs, die »Methusalem« oder »Impérial« mit acht, die »Salmanassar« mit zwölf, die »Balthasar« mit sechzehn und die »Nebukadnezar« mit zwanzig Normalflaschen Fassungsvermögen. Womit diese jenseits der Magnumflasche von den Kellereien verwendeten, sehr eigenwilligen Größenbegriffe der »Champagnersprache« zu begründen sind, darüber gibt die Literatur keinen Aufschluß. Um aus der Nebukadnezar, einem Vierzig-Pfund-Behältnis, in das so zerbrechliche Sektglas einschenken zu können, benötigt man drei Personen: zwei zum Halten und eine zum Einschenken. Die beiden größten Behältnisse sind von Rechts wegen gar nicht für die Füllung mit Schaumwein (oder auch Wein) zugelassen, sie stellen nur Schauflaschen dar.

Sammler von großen Rotweinen bevorzugen die Übergrößen bis zur »Impérial«, weil sich darin die Alterung langsamer vollzieht. Das Verhältnis Flascheninhalt zu Korkquerschnitt ist für den Wein günstiger.

Entsprechend den unterschiedlichen Verschlußarten werden Weinflaschen mit verschiedenen Mündungen gefertigt, so für den Naturkorken, den Schraub- oder Drehverschluß und den Kronenkorken, der in etwas kleinerer Ausfertigung auch die Bierflasche verschließt. Die Verwendung der Weinflasche als Mehrwegbehältnis setzt voraus, daß sie in Form und Material für den mehrfachen Einsatz geeignet ist.

Im sogenannten »Hohlglas« aufbewahrt und transportiert wird Wein schon seit Jahrtausenden. In größerem Umfang geschieht dies erst seit etwa zweihundert Jahren, als es gelang, die Flaschen in industriellem Maßstab her-

Ein Sortiment unterschiedlicher Flaschengrößen der Sektkellerei Oppmann, Würzburg: Doppelmagnum, Magnum, 0,75 l, 0,375 l, Piccolo

zustellen. Bis dahin zapfte man den Wein aus dem Faß in kleinere Gefäße aus Ton, Keramik oder Holz. Aus den anfänglich sehr unterschiedlichen Flaschenformen entwickelten sich die Burgunder-, Bordeaux- und die Schlegelflasche (Langhalsflasche) als die wichtigsten Formen. Der fränkische Bocksbeutel, welcher in den obengenannten Größen (außer 1,0 Liter) gebräuchlich ist, stellt eine Sonderflasche dar. Er ist gesetzlich geschützt und darf in Deutschland nur mit Weinen aus dem Weinbaugebiet Franken sowie aus einigen badischen Weinbaugemeinden befüllt werden.
Die Farbe des Glases beeinflußt den Lichtschutz. Am besten geschützt ist der Wein in braunen und dunkelgrünen Flaschen, es gibt auch solche, die mit einem speziellen UV-Lichtschutz versehen sind, um den Veränderungen von Farbe, Geruch und Geschmack bei Flaschenweinen, welche längere Zeit einer Lichtbestrahlung ausgesetzt sind, zu begegnen.
In jüngerer Zeit hat sich ein Trend zu einer Vielgestaltigkeit der Flaschenformen gebildet. Sie werden meist für besondere Erzeugnisse oder auch Anlässe eingesetzt.

Bevor der Wein in der Flasche zum Verkauf angeboten werden kann, muß er mit einem oder mehreren Etiketten gekennzeichnet und ausgestattet werden. Die Kapsel, eine Banderole oder ein Flaschenhalsanhänger sind zusätzliche Möglichkeiten der Flaschenausstattung. Das Etikett stellt die Visitenkarte oder Geburtsurkunde des Weines dar. Erst die Ausstattung der Flasche gestattet den Handel oder Verkauf des Weines, denn nur sie gibt Auskunft über Beschaffenheit und Herkunft des Erzeugnisses. Alle Angaben unterliegen gesetzlichen Regelungen der EU und der weinbautreibenden Länder. So muß auch jeder Flaschenverschluß Auskunft über den Abfüllbetrieb geben.
Um mögliche Irreführungen des Verbrauchers zu verhindern, hat der Gesetzgeber nicht nur zur Bezeichnung des Weines, sondern auch für werbliche Aussagen spezielle Vorschriften erlassen. Zur Geschichte des Erzeugerbetriebes und des Weines können individuelle Angaben auf einem Zusatzetikett angebracht werden. Auch bestimmte Geschmacksangaben sind erlaubt.
Das Etikett beim deutschen Wein wird gelegentlich als ein Buch mit sieben Siegeln abgetan, ist es aber nur scheinbar. Als verwirrend gegenüber den Etiketten bei Weinen anderer Länder gilt, so wird behauptet, daß es zu viele geographische Herkunftsangaben (Gemeinde, Lage) und Rebsorten gäbe. Diese Angaben, einschließlich der Qualitätsstufe (z. B. Kabinett, Spätlese) beruhen auf den Erfahrungen der klimatischen, geographischen und geologischen Gegebenheiten in Deutschland und tragen den Besonderheiten des jeweiligen Jahrgangs Rechnung. Sie bringen ein Höchstmaß an Information für den Verbraucher.
In vielen Weinbauländern, in denen die klimatischen und vor allem die kleinklimatischen Unterschiede einzelner geographischer Herkünfte keine so große Rolle spielen wie in unseren Breiten, würde die Nennung der Lage auch kaum einen Sinn machen. An deren Stelle tritt dort der Weinbaubetrieb, die Domäne oder ein Großbetrieb mit seinem Namen. Die Weine werden oft nur nach Gebieten oder Untergebieten benannt, wenngleich bei Spitzenerzeugnissen sehr wohl in kleine, oft kleinste Lagen unterschieden wird. Mit solchen Weinen erzielt man dann auch Spitzenpreise. Natürlich gibt es in den anderen Weinbauländern auch unterschiedliche Qualitäten bei den Weinen. Diese erreicht man aber nicht aus der besseren oder weniger guten Weinbergslage – sie wird ohnehin nicht genannt –, sondern der Betrieb als solcher hat eben bessere oder weniger gute Weine. Der Verbraucher orientiert sich mehr nach dem Erzeugerbetrieb.

Historische Bocksbeutel und Etiketten des Juliusspital-Weinguts

Eine Rebsortenangabe erübrigt sich in vielen Weinbauländern oder ist nicht möglich, weil die Weine einen Verschnitt verschiedener herkömmlicher und gebietstypischer Rebsorten darstellen. Die gute Zusammenstellung des Verschnitts (in Frankreich *Assemblage* genannt) hat einen hohen Stellenwert. Die Tradition will es, daß die Weine möglichst immer gleich gut schmecken sollen. Aber auch in solchen Ländern findet allmählich ein Umdenkungsprozeß zum sortenreinen Anbau und Ausbau statt. Die zumeist für das Gebiet neue und wertvollere Rebsorte wird nun auch auf dem Etikett genannt. Diese Wandlung vollzieht sich sowohl in den Weinbauländern der »Neuen Welt« als auch in den klassischen Gebieten Europas.
Was es jedoch fast ausschließlich beim deutschen Wein gibt, und das schon seit beinahe 200 Jahren, ist die Unterteilung in verschiedene, aus den Oechslegraden resultierende Qualitätsstufen. Die Qualitätsstufe erzählt vom Qualitätsdenken des Winzers, den hier heimischen, unterschiedlich reifenden Rebsorten, den klimatischen Bedingungen im Herbst und vor allem von der sogenannten »Edelfäule« der Trauben. In bestimmten Jahren

Bocksbeutel-Etikett aus unserer Zeit

wachsen in Deutschland Weißweine der Spitzenklasse, wie es sie in anderen Weinbauländern nicht gibt und die den Weltruf dieser Weine begründen. Der Winzer hat letztendlich ein Recht darauf, diese unter oft risikoreichen Bedingungen erzielte Qualität seines Weines auch dem Weintrinker auf dem Etikett als Kabinett, Spätlese usw. zu dokumentieren.

Bei allen Weinen der Mitgliedsstaaten der Europäischen Gemeinschaft sind folgende Angaben Pflicht: Das bestimmte Anbaugebiet (wie Baden, Franken, Burgund, Südtirol, Rioja usw.), die Qualitätsstufe (Tafelwein, Qualitätswein), der Alkoholgehalt, der Erzeuger- oder Abfüllbetrieb, der Abfüllort, der Flascheninhalt, die Abfüllnummer (in Deutschland ist dies die amtliche Prüfungsnummer) und in besonderen Fällen die sogenannte Weinart, wie Rosé oder Weißherbst, Weißwein oder Rotwein.

Beim Tafelwein ist in allen Ländern nur eine sehr großflächige Herkunftsangabe gestattet.

Andere Angaben wie Jahrgang, Weinbergslage, Rebsorte oder die Geschmacksbezeichnung »trocken« dürfen, müssen aber nicht sein. Von den sogenannten »Konsumweinen«, welche meist unter einem Markennamen verkauft werden, verlangt man auch keine spezielleren Bezeichnungen. Wie soll sich nun der »unkundige« Verbraucher verhalten? Vielleicht am einfachsten so: Er orientiert sich am Weinbaugebiet, an der Rebsorte sowie an der Qualitätsstufe und legt sich einige Flaschen sozusagen als »Muster« zu. Diese verkostet er dann im Familien-, Freundes- oder Bekanntenkreis. Er findet sicher bald heraus, welche Rebsorte oder Geschmacksrichtung ihm am meisten zusagt, die vermeintlichen Geheimnisse des Etiketts offenbaren sich. Wenn er dann noch zu unterscheiden lernt, welche Weine sich besonders zum Essen eignen und welche zum gemütlichen Beisammensein, dann steigt er schon bald zum »Weinkenner« auf.

Weinverkostung und Weinbewertung

Bei der Weinverkostung sind im wesentlichen zwei Arten zu unterscheiden. Einmal gibt es die Weinprobe in Form einer Erlebnisveranstaltung, bei der dem Teilnehmer, sei er nun Weinliebhaber oder Laie, der Wein beschrieben und erläutert wird. Solche Proben finden zumeist in Probierstuben, Kellern oder sonstigen repräsentativen Räumen statt, wo Ambiente, Atmosphäre und Wein gewissermaßen eine Einheit bilden. Dem Probenteilnehmer ist Gelegenheit gegeben, sein Wissen um Weinbau und Wein zu bereichern, mit dem Wein Freundschaft zu schließen. Auch hat er die Möglichkeit, Weine kennenzulernen, die bezüglich Rebsorte, geographischer Herkunft oder Qualitätsstufe eine Besonderheit darstellen und mit denen er sonst keine Bekanntschaft hätte machen können.
Die andere Form, nämlich die fachliche Prüfung und Beurteilung von Wein, erfolgt unter besonderen Bedingungen und Methoden, wie dies z. B. bei der amtlichen Qualitätsprüfung, der Prüfung für das Deutsche Weinsiegel, für ein Gütezeichen oder bei der Vergabe einer Medaille auf Landes- oder Bundesebene der Fall ist.
Beim deutschen Wein gibt es die Besonderheit, daß ein Qualitätswein oder Qualitätswein mit Prädikat erst dann verkauft werden darf, wenn er amtlich geprüft wurde und die Prüfnummer erhalten hat, welche sich auf dem Flaschenetikett wiederfindet. Dieser Geschmacksprüfung geht eine chemische Analyse zur Feststellung einer Reihe von Inhaltsstoffen voraus. Die

Weinprobe in einem Gewölbekeller

Fachliche Verkostung von Weinen aus Versuchen

Der »Beamtenweinkeller« nach einem Stich aus »Der Königliche Hofkeller zu Würzburg« von Michael Oppmann, 1849

Verkostung unter professionellen Bedingungen (neutraler Raum, standardisierte Gläser, eigene Prüfmethoden u. a. m.) bezeichnet man als »Blindprobe« oder »verdeckte Probe«, bei welcher dem Koster weder der Erzeugerbetrieb noch die engere geographische Herkunft des Weines bekannt sind. Die Ergebnisse werden in Form von Punktzahlen und Beschreibungen festgehalten. Eine aus vier bis sechs Personen bestehende Fachkommission bewertet nach einem Prüfschema, welches für alle genannten Verkostungen wie die amtliche Qualitätsweinprüfung Anwendung findet. Vor der Bewertung von Geruch, Geschmack und Harmonie des Weines wird beurteilt, ob Farbe (Rotwein!) und Klarheit entsprechen. In die Gesamtbewertung einbezogen wird auch, ob das Erzeugnis dem Typ der angegebenen Rebsorte entspricht und ob bestimmte Gütemerkmale, z. B. wie die einer Spätlese oder einer Auslese, gegeben sind. Für das Erreichen eines bestimmten Qualitätskriteriums (z. B. Weinsiegel, Medaille) sind Punktzahlen vorgeschrieben, die den Merkmalen »gut«, »sehr gut« und »hervorragend« gleichkommen. Neuerdings gibt es das sogenannte »Aromarad«

für Weiß- und Rotweine. Es ist in Form von Segmenten in eine ganze Reihe von Geruchs- und Geschmacksnoten, die wir aus dem täglichen Leben kennen, aufgegliedert. Mit Hilfe dieses Aromarads kann man die beim Verkosten des Weines festgestellten Sinneseindrücke, die vielfach an Früchte, Blumen und Gewürze erinnern, treffend in Worte fassen.
Der Wein wird dann nicht nach Wertzahlen beurteilt, sondern er erfährt eine beschreibende Charakterisierung und Bewertung, welche so vom Nichtfachmann sehr viel leichter nachvollzogen werden kann. Die Weinprobe ist ein angenehmes Kennenlernen und gleichzeitiges Genießen, bei welcher der probierte Wein durchaus getrunken wird. Die Weinbewertung dagegen ist eine fachmännische, harte Arbeit, bei welcher der Wein immer nur mit dem Gaumen, so gut wie nie aber mit der Kehle Bekanntschaft macht, er wird schon aus Fairneßgründen immer ausgespuckt.
Der Wein ist und bleibt ein Wunder der Natur, der nie alle Geheimnisse preisgeben wird. Noch nach der Destillation des Weines verbleiben immer noch mehr als 400 nachgewiesene verschiedene Inhaltsstoffe. Es sind dies im wesentlichen Zucker, Glycerin, Säuren, Mineralstoffe, Stickstoffverbindungen und Gerbstoffe sowie eine unterschiedlich hohe Anzahl weiterer Verbindungen.
Eine Kennzahl für all diese Stoffe ist der Restextrakt. Extraktreiche Weine wirken voll, haben viel »Körper« oder »Stoff« und weisen in der Regel eine große Nachhaltigkeit auf; im allgemeinen steigt mit der Qualität auch der Extrakt an. Rotweine haben etwas höhere Gehalte als Weißweine. Die Globalzahl »Extrakt« erlaubt jedoch keine differenzierte Aussage, erst wenn man den in weiten Grenzen variablen und modifizierbaren Restzucker (Süßreserve!) sowie das Gärungsnebenprodukt Glycerin und die Säuren in Abzug bringt, kommt man zur bedeutsameren Kennzahl „Restextrakt". Zwar erlaubt dieser Wert auch nicht immer und nicht bei jedem Wein eine absolute Gütebewertung, er stellt jedoch die einzige analytische Kennzahl dar, welche eine Aussage über Reifemerkmale, Ertragsleistung der Rebe und die wahrscheinliche Lagerfähigkeit des Weines erlaubt.

Oechsle, Säure, Restsüße, Edelfäule: Ein wenig Licht ins Fachchinesisch

Nur mindestens vollreife Trauben bringen besten Wein. Das oberste Ziel des Winzers ist es daher, die Trauben zur Vollreife zu führen. Von Einfluß auf die Traubenreife sind: Rebschnitt (damit zusammenhängend der Ernteertrag), Klima, Jahreswitterung, Kleinklima einer Region oder Weinbergslage, der Boden und dessen Bearbeitung, Düngung, Pflanzenschutzmaßnahmen, der Zeitpunkt des Knospentriebs der Rebe, Beginn und Verlauf der Rebenblüte, eine eventuelle Traubenausdünnung und schließlich der Lesezeitpunkt. Zur Kontrolle der Traubenreife und als Entscheidungshilfe für die Festlegung des Lesezeitpunkts werden mit Herbstbeginn die Trauben auf ihren Gehalt an Zucker und Säure untersucht. Neben diesen Meßdaten stellen für den Winzer z. B. auch die sichtbaren Reifemerkmale der Trauben – man spricht von »physiologischer Reife« – sowie ein eventueller Schädlingsbefall Indikatoren für die Entscheidung zur Lese dar. In Jahren, in denen es der Zustand der Reben und die Witterung erlauben, läßt man die Trauben noch eine gewisse Zeit am Rebstock hängen, um Prädikatswein zu erzielen. Allerdings nur bei Weißweinsorten, denn beim Rotwein haben die Farbe und deren Erhalt Priorität, die durch Edelfäule verlorengeht. Auch nach eingetretener Vollreife finden in einem guten Herbst, wenn am Morgen Nebel über den Weinbergen hängen und tagsüber Sonnenschein das Laub vergoldet, in der Beere immer noch Prozesse statt, die den Wein täglich runder und voller machen. Im wesentlichen handelt es sich dabei um ein Schrumpfen der Beeren und um die sogenannte »Edelfäule«. Nicht jede Rebsorte eignet sich hierzu, die spätreifenden unter ihnen haben Vorteile, nicht zuletzt wegen ihres höheren Gehaltes an »Fruchtsäuren«. Diese tragen entscheidend zum optimalen Geschmacksbild solcher Weine bei.

Oechslegrade und Säurewerte als Reifeindikatoren

Die chemische Zusammensetzung des Traubenmostes, d. h. des von der Kelter laufenden Saftes des Weintraube, ist sehr vielfältig. So sind in ihm eine Reihe von Inhaltsstoffen gelöst, die entscheidenden Einfluß auf Geschmacksqualität und Lagerfähigkeit des Weines haben. Neben Zucker und Säuren besteht der Traubenmost hauptsächlich aus Mineralstoffen, Stickstoff- bzw. Eiweißverbindungen sowie Gerb- und Farbstoffen. Zunehmende Reife läßt den Gehalt an Zucker und anderen für die Qualität wertvollen Stoffen ansteigen, bei Rotweintrauben vor allem die Farb- und Gerbstoffe; die Säurewerte dagegen nehmen ab, was zu einem gewissen Grad auch erwünscht ist.

Der Zucker der Beere setzt sich zu etwa gleichen Teilen aus Traubenzucker und Fruchtzucker zusammen, letzterer schmeckt doppelt so süß. Es gilt zwar allgemein die Regel, daß ein hoher Zuckergehalt des Mostes auch einen guten Wein verbürgt, der süße Geschmack kann alleine jedoch zu sehr bedeutenden Fehlern in bezug auf die Wertbestimmung eines Mostes führen. Denn auch der geübteste Geschmackssinn ist nicht imstande, das jeweilige Verhältnis zwischen Zucker- und Säuregehalt mit der erforderlichen Genauigkeit festzustellen. Bei gleichem Zuckergehalt schmeckt nämlich der Most mit der geringeren Säure deutlich süßer. Eine »technische« Messung ist also vonnöten, wenn der Winzer oder Kellermeister sicheren Aufschluß über den Wert des Traubenmostes haben will. Zumindest Zucker- und Säuregehalt muß er kennen. Denn er hat eine, wenn auch nicht endgültige Qualitätsklassifizierung für jedes Erzeugnis auszusprechen. In weniger reifen Jahren muß er auch die Entscheidung über eine eventuelle Anreicherung des Mostes treffen.

Die direkte Bestimmung des »Hauptreifemerkmals« Zucker ist für den Winzer und Kellermeister mit zu hohem Aufwand verbunden, er beschränkt sich daher auf eine indirekte Ermittlung des Zuckers, nämlich auf das sogenannte »Mostgewicht«, das in Deutschland in »Grad Oechsle« (°Oe) angegeben wird.

Seit nahezu 170 Jahren sind die °Oe im deutschen Weinbau eine unbestrittene Größe, nachdem es der Wissenschaft bis heute nicht gelungen ist, weitere verbindliche, qualitätsanzeigende Kriterien zu finden, die unkompliziert und schnell zu erfassen sind.

Was sind nun »Grad Oechsle«? Dieser für den Außenstehenden im Zusammenhang mit Wein etwas seltsam klingende Begriff leitet sich aus der Dichte (früher: spezifisches Gewicht) des Mostes ab. Ähnliche Meßzahlen gibt es für andere Getränke oder deren Ausgangsprodukte. Genannt seien hier : »Grad Balling« für die Stammwürze des Bieres, »Grad Baume« und »Grad Brix« für Saftkonzentrate, Obstmaischen (Branntweinbereitung) und Zuckerlösungen. »Baume« und »Brix« werden in Weinbauländern wie

den USA, Südafrika und Australien auch für Traubenmost verwendet. In Österreich, Südttirol und Teilen der Schweiz bedient man sich der »Klosterneuburger Mostgrade«. Benannt sind die °Oe nach dem Goldschmied und Mechaniker Ferdinand *Oechsle* (1774 bis 1852) aus Pforzheim, der im Jahre 1830 diese Meßeinheit zur Bewertung des Traubenmostes erfand. Die Grad Oechsle zeigen an, wieviel Gramm ein Liter Most schwerer wiegt als ein Liter Wasser; die vorgeschriebene Meßtemperatur ist dabei 20° Celsius. Gemessen wird also die Dichte, die °Oe werden daraus abgeleitet. Beispiel: Ein Traubenmost hat die Dichte 1,087, ein Liter ist also um 87 Gramm schwerer als Wasser, er hat das Mostgewicht »87°Oe«; ein solcher mit der Dichte 1,116 hätte dann »116°Oe«.
Zur Ermittlung des Mostgewichtes gibt es verschiedene Verfahren, die ursprüngliche, auch heute noch eingesetzte Methode ist die mit dem »Aräometer«, einem Tauchkörper aus Glas mit geeichter Skala (»Oechslespindel«). Am einfachsten und schnellsten lassen sich die Messungen mit einem »Refraktometer« durchführen, das nach einem optischen Prinzip, der Lichtbrechung, arbeitet. Der große Vorteil dieser Methode ist, daß man für die Bestimmung nur einen Tropfen Most benötigt, so daß sich problemlos schon Oechsle-Messungen bei einzelnen Beeren im Weinberg durchführen lassen.
Aus dem Mostgewicht läßt sich annäherungsweise der Zuckergehalt und damit künftige Alkoholwert des Weines berechnen. Nur annäherungsweise deshalb, weil nicht allein der Zuckergehalt die Oechsle ausmacht, sondern noch weitere, im Most in unterschiedlichen Mengen vorkommende Stoffe. In Frankreich, Italien und anderen Weinbauländern gibt man schon beim Most die zukünftigen, errechenbaren Alkoholwerte als Reifekriterium an. Es ist in gewisser Weise verständlich, bestimmt in diesen Ländern doch weitgehend der Alkoholgehalt den Handelswert eines Weines.
Die *Säure* des Mostes setzt sich im wesentlichen aus der Weinsäure und der in vielen Früchten vorkommenden Apfelsäure zusammen. Andere organische oder anorganische Säuren kommen nur in geringen Konzentrationen vor. Beim Wein kann noch die durch einen biologischen Abbau aus der Apfelsäure entstehende Milchsäure dazukommen. In den romanischen Ländern spricht man hier von der »zweiten« oder »malolactischen« Gärung.
Das Verhältnis Weinsäure zu Apfelsäure ist von Jahr zu Jahr unterschiedlich, es wird von der Reife der Trauben, d. h. von der Jahreswitterung bestimmt. In guten und sehr guten Jahren liegt der Weinsäureanteil bei achtzig bis neunzig, in weniger guten oft bei nur dreißig bis vierzig Prozent.

Auffällig sind die Unterschiede zwischen den verschiedenen Rebsorten. So weisen Traminer, Müller-Thurgau und Bacchus sowie die Sondersorten Ortega und Perle relativ niedrige Werte an gesamter Säure auf, während die Spätsorten Riesling und Rieslaner, auch Silvaner und die Burgunderarten durchwegs höher liegen. Bei diesen überwiegt in weniger reifen Jahren auch meist die Apfelsäure deutlich. Die beiden Säuren sind zwar keine direkten Reifeindikatoren, aber die Höhe ihrer Konzentration und ihr Verhältnis zueinander geben dem Winzer schon einen gewissen Aufschluß über die Traubenreife und das voraussichtliche Geschmacksbild des Weines.

Bei deutschen Weinen liegt der Säuregehalt merklich höher als bei solchen südlicherer Klimata, er macht zwischen 5 und 7 Gramm in einem Liter aus. Die Säure trägt entscheidend zur Eigenheit der deutschen Weißweine bei; sie verleiht ihnen eine elegante, fruchtig-frische und mitunter auch kräftige und stahlige Art. Vor allem unsere hochwertigen Prädikatsweine bekommen erst durch sie ihre Feinheit und Eleganz, ihre rassig-pikante, ja einmalige Geschmacksqualität. Sehr säurearme Weine wirken unausgeglichen, manchmal plump, vor allem sind sie keine guten Essensbegleiter. Die Säure des Weines trägt auch zu seiner Haltbarkeit bei.

Ähnlich wie bei den Oechslegraden, die anstelle der einzelnen Zucker bestimmt werden, ermittelt der Praktiker auch nicht die einzelnen Anteile der Säure, sondern die »Säure« insgesamt als eine Einheit. Das erfolgt durch einen relativ einfachen Neutralisationsvorgang mit einer Lauge. In guten, reifen Jahren ist dies auch ausreichend. Wird eine Einzelbestimmung erforderlich, dann ermittelt man nur die Weinsäure. Sie läßt sich einfacher analysieren, auch genügt ihr Wert zur Beurteilung des Mostes oder Weines.

Die Weinsäure besitzt die besondere Fähigkeit, mit den im Wein vorliegenden Mineralstoffen Kalium und Calcium Verbindungen einzugehen, was wiederum zu Kristallausscheidungen in Form von »Weinstein« führen kann. Der laienhafte Verbraucher weiß diesen Vorgang nicht zu deuten, er empfindet ihn als Ärger. Dabei kann weinsteinhaltiger Wein beim Einschenken von den am Boden befindlichen Kristallen klar abgegossen werden. Bei sogenannten »Botrytisweinen« stellt sich die Kristallausscheidung oft erst nach mehreren Jahren ein.

Die Restsüße im Wein

Beeren- und Trockenbeerenauslesen sowie Eiswein hat die Natur mit Restsüße gesegnet. Auch Auslesen und Spätlesen können in sehr guten Herbsten unvergorenen Zucker enthalten. Dies ist vor allem dann der Fall, wenn der aus reichlich vorhandenem Zucker von der Hefe gebildete Alkohol die Hefe zunehmend lahmlegt. Sie ist nicht mehr in der Lage, allen Zucker zu vergären, sie inaktiviert sich selbst.

Bei hochwertigen Weißweinen stellt der verbliebene Zucker ein mehrfaches Qualitätsmerkmal dar. Er verleiht ihnen eine feine, pikante, ja »edelsüße« Art und ist für die mit zunehmender Lagerung wachsende Geschmacksharmonie fast unentbehrlich. Denn bei sehr hohem Gehalt (dreizehn und mehr Volumenprozent) wird der Alkohol zu dominant im Geschmacksbild, man spricht dann von einer »brandigen« Note (von Weinbrand kommend), zu der sich nicht selten eine gewisse Bitternote gesellt. Ein völliges Vergären des Frucht- und Traubenzuckers ist nicht immer von Vorteil. Restsüße ermöglicht dem hochwertigen Weißwein zudem eine lange Lagerzeit. Nur Weißweine mit Restsüße haben noch nach zehn, fünfzehn und mehr Jahren vorzügliche Qualität. Beeren- und Trockenbeerenauslesen sowie Eisweine haben ein noch höheres Alterungspotential. In den ältesten uns erhaltenen literarischen Zeugnissen über alte Weine spielt der trockene Weißwein keine Rolle. Beim Rotwein sind die Gerbstoffe (Tannine) und der Alkohol weitgehend für die Lagerfähigkeit maßgebend.

Bemerkenswert ist, daß die Hefe bei der Gärung eine Vorliebe für den Traubenzucker hat, d. h. bei einer dem Wein aus der Gärung verbliebenen Restsüße überwiegt der Partner Fruchtzucker meist deutlich. Dies wiederum macht einen solchen Wein auch für Diabetiker genußfähig; der für sie problemlosere Fruchtzucker gestattet es ihnen, nicht nur ganz trockene Weine zu trinken. Der Gesetzgeber hat dies auch berücksichtigt, indem er neue Kriterien und Bezeichnungsvorschriften für den sogenannten »Diabetikerwein« geschaffen hat.

Otto Normalverbraucher bedient sich bei der Geschmacksbeurteilung des Weines eines sehr eingeschränkten Vokabulars: Der Wein schmeckt entweder süß oder lieblich, halbtrocken oder trocken. Bisweilen wird trocken gleich herb oder gar sauer gesetzt, was im Grunde natürlich falsch ist. Denn die Bezeichnung »trocken« soll lediglich zum Ausdruck bringen, daß der betreffende Wein keine nennenswerte Süße aufweist, also als durchgegoren bezeichnet werden kann.

Die Geschmacksbezeichnungen »trocken«, »halbtrocken«, »lieblich« und »süß« – die letzteren sind bei Weinen jeglicher Herkunft kaum anzutreffen – hat der Gesetzgeber für alle in der Europäischen Gemeinschaft erzeugten Weine an bestimmte Mindest- bzw. Höchstwerte beim Restzucker gekoppelt.
Es kann in Ausnahmefällen auch bei nicht so hochwertigen Weinen zu einer Restsüße kommen, wenn die Hefe aus einem hinterher nur sehr schwer festzustellenden Grund nicht allen Zucker vergärt. Diese Restsüße ist dann ungewollt und muß vom Kellermeister eben hingenommen werden.
Wird jedoch die Gärung des Weines durch ein technisches Verfahren unterbrochen, so führt dies zur gewollten Süße im Wein. Da das Abstoppen der Gärung mit gewissen Risiken verbunden ist, bedient sich der Kellermeister bei der Bereitung von Weinen mit Restsüße, hauptsächlich bei den sogenannten »Konsumweinen«, in aller Regel des Zusatzes unvergorenen Traubenmostes (»Dosageverfahren«). Nicht die gesamte Ernte wird vergoren, sondern ein gewisser Teil als süßer Traubenmost eingelagert, der dann dem durchgegorenen, fertigen Wein bei der Flaschenfüllung »zudosiert« wird. Die Höhe der Zugabe richtet sich danach, welcher Geschmacksrichtung der jeweilige Wein angehören soll. Dieser Traubenmost, in der Fachsprache »Süßreserve« genannt, muß aus mindestens ebenso reifen Trauben stammen (Mostgewicht) wie der Wein, dem er zugesetzt wird. Auch muß er bestimmten Herkunftsansprüchen genügen; die Höhe der Zugabe ist durch das Weingesetz eingeschränkt.
Weine aus einer unvollkommenen Gärung und solche, denen Traubenmost zum Zweck der Süßung zugesetzt wurde, enthalten entsprechend weniger Alkohol. Ein großer Teil des deutschen Weines gehört der Geschmacksrichtung »lieblich« oder »süß« an. Der Verbraucher, dies jedenfalls ist einschlägigen Veröffentlichungen zu entnehmen, ist dem subjektiv wenig säurebetonten, in der Regel mild bis süß schmeckenden Wein besonders zugetan. Also stellt man sich von Erzeuger- bzw. Verkäuferseite darauf ein.
Nicht so in Franken und beim Frankenwein. Hier hat die »süße Welle« höchstens leicht geplätschert. Auch ist im Weinbaugebiet Franken als einzigem in der Bundesrepublik die Restsüße beim Wein bis zur Qualitätsstufe Spätlese vom Gesetzgeber eingeschränkt. Selbst bei der Geschmacksbezeichnung »trocken« hält man sich hier an einen niedrigeren Wert, nämlich an maximal 4,0 Gramm je Liter, man spricht dann von »fränkisch trocken«. Seit Ende der achtziger Jahre stellen in Franken die fränkisch trockenen Weine zusammen mit den gesamtdeutsch als trocken

geltenden (maximal 9 Gramm pro Liter) mehr als die Hälfte aller Weine. Rechnet man noch die »halbtrockenen« hinzu, kann man mehr als neunzig Prozent der Frankenweine einen trockenen, gering von der Restsüße geprägten Charakter bescheinigen. Nicht zuletzt auch deshalb ist der Frankenwein ein guter Essensbegleiter.

Etwas anders sieht es beim Sekt aus. Wohl mit Rücksicht auf ein traditionelles Verbraucherverhalten ist die Restsüße-Regelung hier großzügiger ausgelegt. Die Geschmacksbezeichnung *brut* (oder »herb«), die dem Konsumenten beim Sekt »schon sehr trocken« signalisiert, erlaubt noch Restsüßewerte, die beim Wein schon zum Bereich »halbtrocken« gehören. Bei der Angabe »trocken« (oder *dry, sec*) wäre beim Wein die Bezeichnung »lieblich« angebracht, »halbtrocken« beim Sekt wäre gar »süß«. Nur die Bezeichnungen *brut natur* und *extra brut* entsprechen der »trocken«-Regelung beim Wein.

Doch zurück zu den Prädikatsweinen Auslese bis Trockenbeerenauslese. Ihre Gewinnung ist weitgehend von einem Phänomen der Natur abhängig, welches klimabedingt nur in unseren Breiten vorkommt. Gemeint ist der Edelfäulepilz *Botrytis cinerea,* der für die hohen Oechslegrade und damit vor allem auch für die oft sehr deutliche Restsüße bei den Beeren- und Trockenbeerenauslesen sorgt.

In Weinländern, in denen dieser Edelfäulepilz nicht gedeiht, verlegt man sich - sehr regionspezifisch - auf die Gewinnung von Weinen mit natürlicher Restsüße, indem man die Trauben nach der Ernte einige Monate trocknen und einschrumpfen läßt, bevor sie zur Kelterung und Vergärung

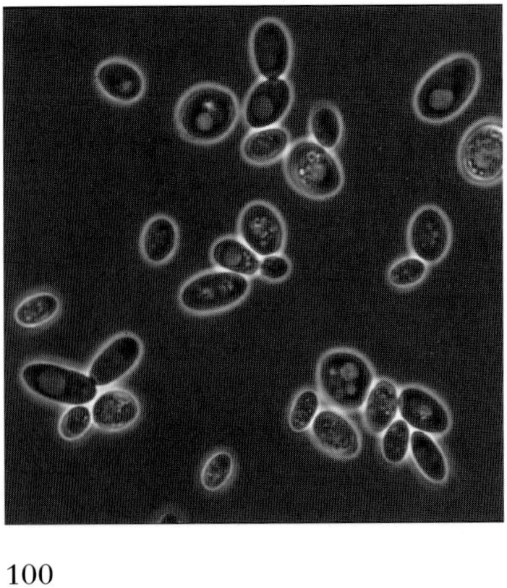

Weinhefe (1250fache Vergrößerung)

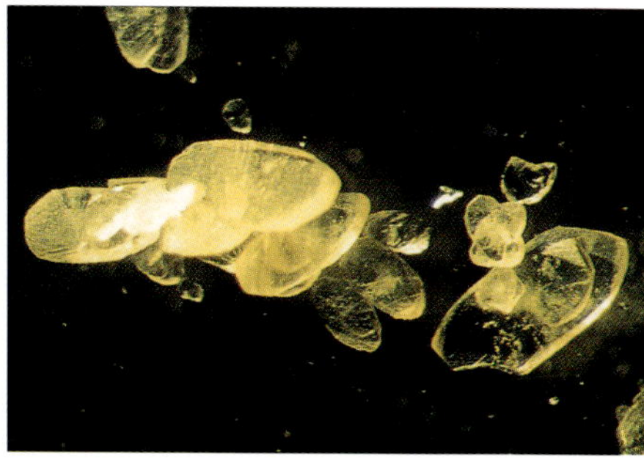

Kristallausscheidungen des Weins (Weinstein)

gelangen. Erwähnt seien die schon genannten »Strohweine« oder der »Vino santo« bzw. der »Recioto della Valpolicella« in Italien.
In manchen Jahren oder bestimmten Regionen bleibt die Edelfäule witterungsbedingt aus, bei Trockenheit und Hitzeperioden trocknen die Beeren dann am Rebstock fast zu Rosinen ein. Auch die solchermaßen konzentrierten, zuckerreichen Moste können Weine mit Restsüße ergeben.
Klassisch süße Weine, die international als »Likörweine« bezeichnet werden, sind so bekannte Erzeugnisse wie Portwein, Madeira, Marsala oder Samos. Die Herstellungsweisen für diese Weine sind etwas unterschiedlich; allen aber ist gemeinsam, daß dem teilweise vergorenen Most so viel hochprozentiges Weindestillat zugesetzt wird, daß die Hefen ihre Tätigkeit sofort einstellen.
Verschiedentlich wird solchen Weinen noch eingedickter Traubensaft zur Süßung zugegeben. Likörweine weisen bis zu zweiundzwanzig Volumenprozent Alkohol auf. Auch der Sherry (oder Jerez) ist ein gespriteter Likörwein, den es wie den Port nicht nur süß, sondern auch in einer relativ trockenen Version gibt. Die als Likörwein bezeichneten Erzeugnisse haben ihren Ursprung in den einstigen Ansprüchen des internationalen Weinhandels, der transport- und lagerfähige Weine benötigte.
Um die Begriffe »Alkohol«, »Restsüße« und »Säure« besser in das Gesamtbild »Wein« integrieren zu können, wird hier noch aufgezeigt, in welchen Mengen diese Inhaltsstoffe beim Frankenwein im Durchschnitt vorliegen:

Qualitätswein oder Kabinett, Weißwein trocken

10,5 bis 11,5 Vol.% Alkohol
0,5 bis 4,0 g/l Restsüße
5,0 bis 7,0 g/l Säure

Qualitätswein oder Kabinett, Weißwein halbtrocken

10,0 bis 11,0 Vol.% Alkohol
8,0 bis 15,0 g/l Restsüße
5,0 bis 7,0 g/l Säure

Rotweine haben etwa ein halbes Volumenprozent mehr Alkohol, zwischen 4,5 und 6,0 Gramm pro Liter Säure und sind in der Regel »fränkisch trocken«.
Die genannten Analysenwerte sind oft in den Angebotslisten der Erzeugerbetriebe neben der Weinbeschreibung angegeben.

Die Edelfäule: Voraussetzung für kostbare Tropfen

Dem Benediktinerkloster Johannisberg im Rheingau, nahe Eltville, sagt man die erste Gewinnung eines Weines aus »gefaulten« und »verschimmelten« Trauben im Jahre 1775 nach. Zu Unrecht wird öfters die Handschrift aus dem Trierer Kloster St. Maximin von 1562 zitiert, in der es heißt: »... das Gotteshauß hab freyheit zween Tage zu vor zu lesen, oder zu feulen, ...« Das Wort Feulen bedeutet hier nicht das Hängenlassen edelfauler Trauben, sondern das Ausschneiden allen faulen Lesegutes.
Die Johannisberger Edelfäule ereignete sich spontan und ungeplant, denn die Leseerlaubnis des Fürstabtes von Fulda, zu dessen Besitzungen das Kloster gehörte, war erst mit zweiwöchiger Verspätung eingetroffen.
Andere Winzer hatten ihre Trauben längst eingebracht, die Mönche wagten dies jedoch nicht. Dennoch bereiteten sie aus den vermeintlich nicht mehr geeigneten, weil verschimmelten und gefaulten Trauben einen Wein. Und siehe da: Es wurde ein vorzüglicher, vorher nie dagewesener.
Vermutlich hatte man damals weder an der Mosel noch am Rhein genauere Kenntnisse über die Edelfäule und ihre spezielle Wirkung im Weinberg. Ihr gelegentliches Auftreten wurde eben als eine Laune der Natur angesehen.
Um die Aufklärung des Vorkommens und der Wirkung dieses Pilzes hat

Eine Traube mit fortgeschrittener »Edelfäule«

sich auch Professor Hermann Müller aus dem Schweizer Kanton Thurgau, der Züchter der nach ihm benannten Rebsorte, verdient gemacht. Er war nicht nur mit der Sortenkreuzung befaßt, er betrieb ebenso Studien über die Lebensvorgänge in Pflanzen, über Pflanzenkrankheiten und die alkoholische Gärung. Auch den Mikroorganismen am Rebstock, in Most und Wein widmete er seine Aufmerksamkeit. Er arbeitete unter anderem zwei Jahre am Botanischen Institut der Universität Würzburg, wo er seine Studien im Jahre 1874 mit der Dissertation abschloß.

Mit dem Pilz Botrytis cinerea ist es so eine Sache, denn er treibt mit dem Winzer ein doppeltes Spiel, er ist Freund und Feind zugleich. Bei reifen und gesunden Trauben und wenn die Witterung mitspielt – Nebel und Dunst am Morgen, Sonnenschein am Mittag – vollbringt dieser Organismus wahre Wunderdinge. Die von ihm verursachte Durchlässigkeit der Beerenhaut läßt Wasser verdunsten, Süße und Säure sowie andere Inhaltsstoffe sich konzentrieren. Die resultierenden Weine haben »Stoff« und »Körper«, wie der Fachmann sagt. Auch sorgt der Pilz für ein charakteristisches Aroma, den sogenannten »Botrytiston« und die Entstehung anderer wertvoller Geschmackskomponenten. Dazu gehört auch das Glycerin (der Fachmann spricht von »Mostglycerin«), welches auch später bei der Gärung von der Hefe gleichlaufend mit dem Alkohol gebildet wird. Durch den hohen Glyceringehalt werden die Weine sehr voluminös, »saftig« und »geschmeidig«, sogar eine gewisse »Süße« wird vorgetäuscht. Der Pilz selbst verbraucht Stickstoffverbindungen, Zucker und Säuren. Erfreulicherweise wird von ihm mehr Säure als Zucker veratmet, so daß in den aus solchen Trauben gewonnenen Mosten das Verhältnis Zucker zu Säure günstiger ist, als es bei einer reinen Konzentration aller Inhaltsstoffe durch Eintrock-

nen oder durch Frost (Eiswein) denkbar wäre. Dies von der Natur so gewollte, günstige Zucker-Säure-Verhältnis findet sich beim fertigen Wein wieder und gehört zu den Kriterien, welche deutsche Beeren- und Trockenbeerenauslesen so außerordentlich wertvoll machen.
Befällt der Pilz jedoch unreife Trauben, kommt es anstelle einer Veredlung zur sogenannte »Sauerfäule«, gegen die nur noch eine Pflanzenschutzmaßnahme helfen kann. Besonders kritisch wird es, wenn noch unreife Trauben durch Hagelschlag verletzt wurden oder wenn über eine längere Periode naßkaltes Wetter herrscht.
Es versteht sich von selbst, daß mit Edelfäule hergestellte Weine teuer sind, weil eine starke Ertragseinbuße (bei Beeren-und Trockenbeerenauslesen nur 10 bis 15 Prozent eines Normalertrages) die natürliche Folge ist. Lese und Verarbeitung der Trauben sind zeitaufwendig, Vergärung und Ausbau der Weine risikoreich, wie überhaupt das Spekulieren auf »Edelfäule«.
Klassische Botrytis- oder Edelfäuleweine sind z. B. der Tokayer oder auch der in Ungarn und Österreich beheimatete »Ausbruch«.
Den wenigsten Verbrauchern, auch wenn sie dem Wein sehr nahestehen, ist bewußt, daß hierzulande mit den Beeren-und Trockenbeerenauslesen, seien sie an Rhein, Mosel oder Main gewachsen, die kostbarsten Weißweine der Welt gewonnen werden. Solche Kostbarkeiten, vor allem wenn sie von den besonders geeigneten Rebsorten Riesling und Rieslaner, aber auch von Silvaner, Scheurebe oder einer Burgunderart stammen, büßen selbst über Generationen kaum etwas von ihrer Wertigkeit ein. Vor wenigen Jahren bezahlte man bei einer Versteigerung für eine Flasche 1893er Neroberger Trockenbeerenauslese von den Staatsweingütern im Rheingau die Summe von DM 39 900,–. Der Staatliche Hofkeller Würzburg erlöste im Jahre 1991 bei der Spitzenweinversteigerung in Wiesbaden für eine noch »junge« 1971er Würzburger Stein, Rieslaner Trockenbeerenauslese bereits stattliche DM 1400,–.
Vielleicht hatte der Dichter ein solch edles Gewächs im Sinn, als er unter dem Titel »Herbsttag« die folgenden Verse zu Papier brachte:

Herr: es ist Zeit. Der Sommer war sehr groß,
leg deinen Schatten auf die Sonnenuhren,
und auf den Fluren laß die Winde los.

Befiehl den letzten Früchten voll zu sein;
gib ihnen noch zwei südlichere Tage,
dränge sie zur Vollendung hin und jage
die letzte Süße in den schweren Wein.

Rainer Maria Rilke

Vom Umgang mit Wein

Für den Verbraucher ist Wein heute nicht mehr der »Weiße« oder der »Rote«, den man zum Essen oder Zechen trinkt. Vielmehr hat er den wohlklingenden Namen der Rebsorte, einer Qualitätsstufe, kommt aus einem bestimmten Anbaugebiet bzw. aus einer bestimmten Weinbergslage. Auch über einzelne Jahrgangsqualitäten kennt man sich recht gut aus. Nicht selten läßt sich selbst das Handwerk eines bestimmten Winzers oder Kellermeisters erkennen.

Der Weinkeller

Auch scheint das Anlegen eines Weinkellers wieder an Bedeutung zu gewinnen, vielleicht auch deshalb, weil man zu Hause nicht so sehr dem »Promille-Druck« ausgesetzt ist – eine sehr begrüßenswerte Entwicklung, die der heutigen Verbrauchergewohnheit, fast nur noch jungen Wein zu trinken, entgegenläuft. Es wäre sehr zu bedauern, wenn man dem reifegelagerten Wein nicht mehr die nötige und verdiente Reverenz erwiese. Denn eine Vielzahl feiner Frucht- und Aromanoten, interessante und pikante Geschmacksnuancen entstehen erst im Laufe der Reifung des Weines in der Flasche. Dazu ist noch anzumerken, daß länger gelagerte und entwickelte Weine bekömmlicher und verträglicher sind. Vom längeren Flaschenlager profitieren vor allem hochwertige Prädikatsweine wie Spätlesen, Auslesen, Beeren- und Trockenbeerenauslesen, vor allem also »edelsüße« Weine. Natürlich auch gehaltvolle rote Gewächse , die oft erst nach zehn und mehr Jahren ihr Geschmacksoptimum erreichen.
Nicht übertragbar ist dies jedoch auf den Sekt, ganz gleich welcher Herkunft und Geschmacksart. Denn mit der Fertigstellung, also sobald es sich in der Verkaufsflasche befindet, verliert dieses Getränk kontinuierlich an Kohlensäure, die ja bekanntermaßen erst den Charakter des Sektes ausmacht. Der Naturkork, mehr noch der »Polystopfen«, sind eben nur unzulängliche Verschlüsse für den Schaumwein. Also Sekt nicht lange lagern!

Doch wie legt man einen Weinkeller an, was ist zu beachten, was soll man kaufen? Welchen Wein trinkt man zu welchem Essen? Welche Lebensdauer haben die verschiedenen Weine?

Weinverstand ist erlernbar, für den eigenen Weinkeller gilt aber zunächst der eigene Geschmack! Durch Weinproben, Fachliteratur und Beratung wird man in kurzer Zeit seine persönlichen Vorlieben kennenlernen und seine bevorzugten Weine finden, vielleicht sogar auf einen anderen Geschmack kommen. Diejenigen Weine, welche einem besonders gut schmecken, sollte man sich merken, die Suche nach anderen Weinen einer ähnlichen Geschmacksrichtung ist dann leichter. Hat man sich für einen Wein oder mehrere entschieden, sollte man ja nicht nur eine Flasche derselben Sorte kaufen, denn nichts ist unangenehmer und peinlicher, als beim Essen den Wein wechseln oder gar mehrere verschiedene Weine gleichzeitig kredenzen zu müssen.

Wird ein Wein transportiert, sollte man ihn vor dem Trinken mindestens einige Tage, besser 2 bis 3 Wochen ruhig lagern.

Gegen seinen ärgsten Feind, den Luftsauerstoff, dürfte der Wein nach dem Verkorken weitgehend geschützt sein. Trocknet der Korken jedoch aus, schrumpft so sehr, daß kein luftdichter Verschluß mehr gewährleistet ist. Deshalb werden Weinflaschen seit jeher liegend aufbewahrt, damit der Korken feucht und in gequollenem Zustand gehalten wird. Auch eine gewisse Luftfeuchtigkeit im Keller (problematisch sind hier Heizungsrohre) begegnet dem Austrocknen der Korken von außen bzw. den Verdunstungsverlusten. Die Kapsel bietet nur dann einen allerdings begrenzten Schutz, wenn sie sehr dicht angepreßt und nicht gelocht ist. Besser ist dann die Versiegelung der Flaschenmündung über dem Korken mit einer Mischung aus Siegellack und Kerzenwachs (Elastizität). Schlecht verkorkte Weine bzw. Flaschen, die um den Korken herum feucht sind oder einen geringen Füllstand aufweisen, sollte man meiden, ebenso solche, die aufrecht gestanden haben und/oder gar noch einem starken Lichteinfall ausgesetzt waren.

Anders beim Sekt. Hier ergaben wissenschaftliche Untersuchungen, daß die stehende Lagerung der liegenden überlegen ist. Im wesentlichen hängt dies mit dem Verschluß und dem Sekt selbst zusammen.

Temperaturschwankungen stellen bei der Weinlagerung die größte Gefahrenquelle dar. Je kühler der Wein liegt, desto langsamer entfaltet er sich; je wärmer er lagert, desto schneller reift er. Ganz allgemein dürfte die ideale Lagertemperatur zwischen 10 und 15 Grad Celsius liegen, aber auch bei ein bis zwei Grad Celsius darüber leidet der Wein kaum Schaden, solange die Temperatur nicht stark schwankt. Für den, der gänzlich ohne eigenen Keller auskommen muß, bietet sich die Alternative in Form eines Wein-Klimaschranks an. Es gibt eine breite Palette von Modellen, deren äußere Ausführung sich auch nach individuellen Wünschen gestalten läßt.

Nicht nur gegen Wärme ist Wein empfindlich, auch Licht schadet, vor allem bei Flaschen aus hellem Glas.

Auch sollte man Produkte mit starkem Eigengeruch aus dem Weinkeller verbannen, zu denken ist hier an alte Farbdosen, an Gartenchemikalien, an Mineralöl und auch an Kartoffeln, Rüben, Kohl und dergleichen. Sehr leicht plaudert der mit dem Naturkorken verschlossene Wein seine »Lagergenossen« später aus!

Weißwein der Stufen »Qualitätswein« und »Kabinett« sowie leichtere Rotweine sollten in der Regel spätestens nach drei Jahren getrunken sein. Weißweine höherer Qualitätsstufen, welche in der Regel aus qualitativ höherwertigen Jahrgängen stammen, natürlich auch große Rotweine, gestatten ein längeres Lagern. Um sicher zu sein, wann der Wein seinen geschmacklichen Höhepunkt erreicht hat, sollte man seine Weine öfter einmal verkosten.

Eine Anmerkung zum Korkenzieher. Es gibt sehr viele Ausführungen, mehr schlechte als gute. Wenn man sich ein solches Utensil anschafft, dann ist vorteilhafterweise eines mit einer offenen Spirale und guter Spitze auszuwählen, nicht jedoch ein stabförmiger Korkbohrer, der nur allzuoft ein Loch bohrt, ohne daß er dann den Korken aus der Flasche bringt.

Für die Trinktemperatur gilt folgendes: je kühler, desto weniger Geschmack. Man kann mit sehr stark gekühlten Weinen die Vorzüge, aber auch die Fehler überdecken. Vorsicht also bei Weinen, für welche eine ideale Trinktemperatur von 6 bis 8 Grad Celsius empfohlen wird! Man sollte Wein lieber zu kühl als zu warm bevorraten, denn im Glas erwärmt er sich von alleine. Als Richtlinie kann man sich merken: Weißwein 8 bis 12 Grad Celsius; Roséwein, Weißherbst und Rotling (Schillerwein) 10 bis 12 Grad Celsius. Junger und leichter Rotwein 14 bis 16 und schwerer Rotwein 16 bis 18 Grad Celsius. Das Trinken von Rotwein bei »Zimmertemperatur« sollte man vergessen, denn diese Angabe rührt aus einer Zeit, in welcher etwa 16 bis 18 Grad Celsius »normale« Zimmertemperaturen waren. Mit den heute üblichen 20 bis 22 oder mehr Grad Celsius (Restaurants!) tut man dem Rotwein einen schlechten Gefallen, er leidet deutlich in seiner Geschmacksqualität.

Angebrochene Flaschen sollte man je nach Weinsorte innerhalb von ein bis zwei Tagen austrinken. Weißwein früher als Rotwein und leichtere Weine schneller als schwere. Nicht schlecht bewährt haben sich auch Vorrichtungen, mit denen man die Luft aus einer teilweise geleerten Flasche herauspumpen und so ein Vakuum schaffen kann.
Wein soll das Essen verfeinern, harmonisch ergänzen und durch seine Inhaltsstoffe, wie Säure, Gerbstoffe, Alkohol usw. alle Speisen verstärken und hervorheben. Hier sei nur so viel gesagt: Leichte Weine passen zu leichten Speisen, kräftigere und schwere Weine trinkt man zu gehaltvollen Speisen. Aromatische Weine serviert man zu würzigen Speisen und Süßweine zu Süßspeisen, allenfalls noch zu würzigen bzw. Blauschimmel-Käsearten.
Nach dem Motto »nur aus guten Zutaten kann ich Gutes kochen«, sollte man beim Kochen auch guten Wein verwenden. Extremfall: Die Verwendung eines »Korkschmecker«-Weines kann ein ganzes Gericht ruinieren.
Ein Gedanke zum Schluß. Für gute Freunde sollte uns der richtige Wein zur richtigen Gelegenheit nie zu schade sein. Denn wie schon Fürst Bismarck sagte: »Der Wein ist unser bester Botschafter!«

Wein und Glas

Weingläser traditioneller Formen geraten immer mehr ins Hintertreffen, weiß man doch längst auch auf seiten des Konsumenten, daß es beim echten Genuß des Weines nicht auf das äußere Dekor, sondern auf die Grundform des Kelches, seine Proportionen, auf den Stiel und auf die Glasdicke ankommt.
Über Jahrhunderte hat sich die Freude am geschliffenen und verzierten Glas erhalten, in welchem der Wein nur so gefunkelt hat. Schliff und Verzierung hatten aber auch einen anderen, einen praktischen Grund. Sowohl Glas als auch Wein waren nicht immer frei von Unreinheiten. Mit einem Schliff können Blasen und Schlieren beim Glas sehr elegant überspielt werden, und der Wein gewinnt durch die Lichtbrechung an Brillanz.
Glas ist einer der ältesten Stoffe, die Menschen geschaffen haben. Das älteste Glasstück wurde in Ägypten gefunden, es soll aus der Zeit um 5000 v. Chr. stammen. Über den Vorderen Orient gelangte die Glasmacherkunst – noch heute ist die genaue Zusammensetzung des Grundstoffgemisches

der Glasmasse, das in Öfen bei 1400 bis 1500 Grad Celsius erhitzt und geschmolzen wird, das Geheimnis jeder Glashütte – nach Rom, von dort nach Gallien, Britannien und Germanien. Zentrum der mittelalterlichen Glasmacherkunst war Venedig. Im ausgehenden Mittelalter kam eine neue, uns noch heute sehr bekannte Glasform aus den Niederlanden und aus dem norddeutschen Raum auf, die im 17. Jahrhundert im Rheinland ihre Blütezeit erreichte: der Römer. Sein Name ist nicht von den »alten Römern« abgeleitet, sondern vom Zutrinken, dem »Rühmen«. In Holland hieß dies »roemer« und wurde im Rheinland phonetisch als »Römer« ausgesprochen. Was heute in Museen und Glassammlungen zu bewundern ist, stellt meist nur die kunstvolle »Spitze« der Glasproduktion früherer Jahrhunderte dar. Die Pokale, Kelche und Prunkbecher dienten in erster Linie der Zierde und Zurschaustellung, sie wurden höchst selten wirklich benutzt.
Die im Jahre 1996 in Speyer, im Historischen Museum der Pfalz, gezeigte einzigartige Ausstellung »Mysterium Wein – Die Götter, der Wein und die Kunst« vermittelte einen faszinierenden Eindruck von der Fülle und Vielfalt an Kunstwerken zum Thema Glas und Wein aus allen Epochen, Kulturkreisen und Gattungen. Heute weiß man, daß Art und Form des Glases auf die Beurteilung eines Weines nach Farbe, Geruch, Geschmack und

Für den Genuß von Weißwein, Rotwein und Sekt geeignete Gläser

Harmonie von großem Einfluß sind. Die Unterschiede in der Sinneswahrnehmung sind frappierend. Der Wein entfaltet seine Güte nur im geeigneten Glas. Das 20. Jahrhundert, vor allem aber die beiden letzten Jahrzehnte haben einen großen Formenreichtum hervorgebracht. Es wurden Grundformen entwickelt, die heute als gültige Lösungen angesehen werden können. Als Pionier wirkte hier Professor Claus Riedel mit seiner Tiroler Glashütte in Kufstein. Jeder Weintyp, jeder Sortenwein unterscheidet sich nach Säure, Süße, Gerb- und Bitterstoffen sowie Aromastoffen. Um einen Wein wirklich genießen zu können, muß man den Sinnesorganen den Weg richtig bereiten, indem man ein »sensorisch funktionelles« Glas auswählt.
Für das Sehen muß der Trinkbehälter farblos und undekoriert sein, nur dann können Attribute wie Farbe, Klarheit und Mousseux (Entwicklung der »Kohlensäure«) optisch richtig wahrgenommen werden.
Der lange Stiel eines Weinglases erfüllt nicht nur ästhetische Zwecke, denn die Hand soll den Wein nicht erwärmen und die Finger sollen keine unansehnlichen, die Beurteilung des Weines störenden Abdrücke hinterlassen. Sogar die weitere Distanz der Hand zur Nase ist Absicht: der Eigengeruch der Hand kann nicht mehr stören.

Das Glas muß dünnwandig sein, denn dickes Glas überträgt seine Eigentemperatur auf den Wein und verfälscht möglicherweise Blume und Bukett. Auch das Geschmackserlebnis ist bei einem dünnwandigen Glas ein bedeutend besseres. Dies gilt für alle Getränke.

Der Form des Kelches und seiner Größe sowie der Beschaffenheit des Randes kommt die größte Bedeutung zu. Allgemein läßt sich sagen, daß tulpenförmige, sich nach oben verjüngende Gläser sowohl für Weißwein wie für Rotwein und Rosé sehr gut geeignet sind. Dabei verlangt der Rotwein ein etwas bauchigeres, größeres Glas mit einem Volumen von etwa 350 bis 400 ccm. Beim Weißwein sollte die Tulpenform etwas enger bzw. länger gezogen sein, 250 bis 300 ccm reichen hier aus.

Weil man zuerst riecht, sollte das Glas nur zu einem Drittel, maximal halbvoll eingeschenkt werden, damit die Aromastoffe ausreichenden Duftraum haben. Gläser, deren oberer Rand wie eine Lilie geschwungen ist, die also nach oben weit geöffnet sind, eignen sich nicht gut für Weine mit feinen Duft- und Aromakomponenten. Hier verflüchtigt sich der Duft, bevor er in die Nase gelangt.

Ein »ewiges« Problem ist die sachgerechte Reinigung und Pflege des Glases. Nur als »spülmaschinenfest« bezeichnetes Glas ist maschinell zu spülen, und auch dann niemals bei Temperaturen über 60 Grad Celsius. Denn Hitze und Feuchtigkeit sind die größten Feinde des Glases. Bei der Reinigung von Hand ist darauf zu achten, daß kein Rest vom Spülmittel im Glas bleibt. Auch sollte man ein Weinglas keinesfalls kopfüber auf eine Unterlage zum Trocknen stellen, es könnte deren Geruch (Spülmittel- oder Weichspülergeruch von Gläsertuch oder Serviette) annehmen und dem Wein wieder mitteilen. Gläser sind sofort abzutrocknen, möglichst ohne sie mit den Händen in Gegenrichtung zu drehen, was zu Spannungen und leicht zum Bruch führen kann.

Spessartglas und Bocksbeutel

Ein Buch über Frankenwein wäre unvollkommen, würden wir nicht auch dem grünen Waldglas aus dem Spessart unsere Reverenz erweisen, umschließt doch der weinreiche Main in seinem Mainviereck das Waldgebirge so liebevoll wie ein Römer die kostbaren Tropfen des Frankenweins.

Über die Glasherstellung im Spessart gibt eine Urkunde aus dem Jahre 1406 Auskunft. Dort wird in zahlreichen Details über eine Glasmacherzunft »auf und um den Spessart« berichtet. Noch heute weisen Ortsbezeichnungen im Spessart auf die Stätten der Glasfertigung hin, z. B. Neuhütten, Ruppertshütten oder Glasofen.
Glashütten sind im Spessart bereits seit dem 11. Jahrhundert anzutreffen. Dies hat Dr. Gerhard Kampfmann, der langjährige Leiter des Forstamts Schöllkrippen, durch seine umfangreichen Arbeiten eindrucksvoll nachgewiesen. Die zwei großen Grundherren, die bis ins späte Mittelalter im Spessart das Sagen hatten, das Erzbistum Mainz und die Grafen von Rieneck, vergaben deren Betriebserlaubnis und wachten mit Argusaugen darüber, daß ihre Zahl eng begrenzt blieb. Die Glashütten waren zwar einesteils für die Glasproduktion, für die Belieferung der herrschaftlichen Haushalte und Gebäude und auch für die Zolleinnahmen unentbehrlich, belasteten aber zugleich den Wald durch ihren hohen Holzverbrauch für die Verhüttung und Pottaschengewinnung und zudem noch durch den Rodungsbedarf für das Ackerland ihrer Arbeiter.
Im von Mainz regierten nördlichen und nordwestlichen Spessart, dem sogenannten Glashüttenspessart, war die Zahl der Glashütten seit dem hohen Mittelalter auf vier begrenzt; so ist es bereits in dem 1338 veröffentlichten Försterweistum festgeschrieben. Von den gräflich Rieneck'schen Hütten im Südosten um die Grafschaftshauptstadt Lohr gab es vermutlich sogar nur drei.
Römer aus anfänglich grünem, später immer hellerem Spessartglas gibt es seit dem 16. Jahrhundert. Die Bezeichnung »Waldglas« erklärt sich aus seiner grünlichen Einfärbung, die auf Eisenanteile im ortsüblichen Sand, dem Hauptanteil des Glasgemenges, zurückzuführen ist. Gefertigt wurden hauptsächlich Trinkgefäße und Zweckgläser (z. B. Grableuchten), auch Prunkgefäße sowie Flachglas. Zu Ende des 17. Jahrhunderts entstand auch eine Spiegelglashütte, die aber ebenso wie die anderen gegen Ende des 19. Jahrhunderts wegen Unwirtschaftlichkeit ihre Pforten schließen mußte. Etwa zur gleichen Zeit entstand »Spessart Glas«, heute ein bedeutender Glashersteller in Lohr.
Die ältesten bis dato nachgewiesenen Bocksbeutel annoncierte 1659 der gräflich wertheimische Hüttenmeister Mathis Wenzel mit folgen-

den Worten: »Ich Mathis Wenzel, Glasmacher zu Wertheim mach mir eine kommode Weinflasch für die Reis; Brot und Wein ist mein Wegzehr. Mein Flasch is wie ein Beutel, ein Beutel hat mein Bock, der Bock ist für arm Leut, die Noth und auch die Plage.«
Das Lohrer Spessartmuseum, das sich besonders dem Spessarter Waldglas und den Lohrer Spiegeln verschrieben hat, zeigte im Jahr 1984 eine wundervolle Ausstellung zur Kulturgeschichte des Spessartglases unter dem Motto »Glück und Glas«.

Spessartglas: Römer mit Kurmainzer Wappen. Kunstgewerbemuseum, Köln

Dekantieren des Bodensatzes

Schon so mancher hat sich gewundert, wenn ihm ein Rotwein, gerade einer aus einem sehr guten Jahrgang oder von einer vortrefflichen Herkunft, nicht vom ersten bis zum letzten Glas gleich gut geschmeckt hat. Wenn er dann, sobald sich der Inhalt der Flasche dem Ende zu neigte, eine Bitternote feststellen mußte, vielleicht sogar noch eine Trübung, die bei einem farbstarken Rotwein gar nicht so leicht auszumachen ist, dann muß man ihm vorwerfen, daß er diesem Rotwein nicht die notwendige Pflege angedeihen ließ, indem er es schlichtweg versäumte, ihn zu »dekantieren«.

Bei älteren Rotweinen, noch dazu bei klassischen, hochwertigen Gewächsen, setzt sich sehr häufig ein Trubdepot ab, welches aus einer Gerbstoff-Farbstoffverbindung besteht, die manchmal auch mit etwas Weinstein vermengt ist. Für manchen Rotweinliebhaber ist so etwas Merkmal einer hohen Qualität, es wird gleichsam vorausgesetzt. Er liegt damit richtig, denn je besser die Rotweintraube ausreifen kann, desto mehr Farb- und Gerbstoffe werden in der Beere gebildet. Sie sind schließlich das Hauptkriterium bei der Bewertung der Qualität eines Rotweins.

Damit dieser Bodensatz, der mit seiner Bitternote den Genußwert eines Rotweins deutlich schmälern kann, möglichst nicht ins Glas gelangt, gießt man vorsichtig ab, man »dekantiert«. Dabei ist die Flasche fast wie ein rohes Ei zu behandeln, sie wird mittels eines Korkenziehers mit Hebelwirkung oder einer ähnlichen Mechanik sehr vorsichtig entkorkt, dabei sehr langsam, keinesfalls ruckartig bewegt, und der Inhalt in dünnem Strahl in eine Karaffe gegossen. Damit leichter und schneller zu erkennen ist, ab wann die Trubstoffe sich dem Flaschenhals nähern, wird eine brennende Kerze darunter gestellt. Sehr vorteilhaft ist es, wenn sich die Rotweinflasche schon einige Zeit vorher in einer Schräglage befunden hat, damit sich das Trubdepot auf möglichst kleinem Raum absetzen kann. Spezialisten haben immer einige so plazierte Flaschen in ihrem Keller auf Vorrat.

Das »Dekantieren« verfolgt noch einen anderen Zweck, nämlich den, daß dabei dem charaktervollen Rotwein das Quäntchen Sauerstoff zukommt, das er zur Entwicklung seiner Aromastoffe benötigt. Kenner schwenken den Wein im Glas aus dem gleichen Grund: durch die größere Oberfläche erhält er mehr Sauerstoff.

Nicht so gut sind Henkelkörbchen, in welchen die Rotweinflasche schräg lagert. Vor allem nicht, wenn mehrmals ein- bzw. nachgeschenkt wird.

Bei Weißwein bedeutet jedes noch so kleine Trubdepot oder gar eine Trübung einen Ausbaufehler, der im Gegensatz zum schon besprochenen naturgegebenen Weinstein nicht akzeptiert werden kann.
Zu Zeiten, als man von einer Filtration des Weines nach heutigen Maßstäben noch ein ganzes Stück entfernt war, gab es auch beim Weißwein nicht selten in der Flasche abgesetzte Trubstoffe. Dies kann man einer Wein-Preisliste der Firma Wilhelm Meuschel jr., Kitzingen, aus dem Jahre 1902 entnehmen, in der sozusagen als Kundenservice unter dem Titel »Die Kunst des Servierens« über Beobachtungen beim Besuch einer Wiener Kellner-Fachschule berichtet wird. Es heißt dort – nach einigen Ausführungen über die Tischdekoration und das Auftragen der Speisen – wörtlich: ... Nun treten die Kellner in Aktion, die für die Getränke zu sorgen haben. »Zum Fische werden wir Mosel- oder Rheinweine nehmen«, erläuterte der Fachlehrer. »Diese Weine müssen eine Temperatur von 6–8 Grad (= Grad »Reaumur« – entsprechend 8–10 Grad Celsius) haben.« – Der eine Kellner nimmt eine gesiegelte Moselflasche zur Hand und schickt sich an, sie zu entkorken. Ein vorwurfsvoller Blick trifft ihn. – »Was tun Sie da?« – Der Unglückliche hatte einen falschen Pfropfenzieher erwischt und beeilt sich beschämt, einen anderen zu nehmen. Der Lehrer geht aber nicht darüber hinweg. – »Worin bestand Ihr Fehler?« – »Ich habe einen gewöhnlichen Pfropfenzieher genommen.« – »Nun – und?« – »Für Rhein- und Moselweine gehört der Maschin-Korkzieher.« – »Richtig; warum?« – »Weil die Rhein- und Moselweine oft ein ›Lager‹ haben.« – »Was ist ein ›Lager‹?« – »Der Bodensatz in den Flaschen.« – »Nun – und weiter?« – Der Maschin-Korkzieher entfernt den Pfropfen ohne Ruck, während mit dem gewöhnlichen Korkenzieher ein Ruck nicht zu vermeiden wäre, wodurch der Wein trüb werden könnte.« – »Richtig. Sie sehen also auch, warum zu Mosel- und Rheinweinen mit Vorliebe ›Römer‹, also grüne Gläser genommen werden. Es könnte doch einmal das ›Lager‹ aufgerüttelt werden, und da soll das geringe Übel so gut als möglich maskiert werden. Beginnen Sie nun einzuschenken. Wo werden Sie anfangen, bei einem Herrn oder einer Dame?« – »Da die Flasche frisch entkorkt ist, bei einem Herrn, sonst natürlich bei einer Dame ...« Gemeint war mit letzterem sicher, daß der Herr erst den Wein auf einen eventuellen Korkgeschmack verkostet bzw. sein Einverständnis zur Qualität des Weines gibt, bevor der Dame eingeschenkt wird.

Naturkork oder Schraubverschluß?

So gut wie jedem Weinfreund ist er schon begegnet: der leidige Korkgeist, der die Freude auf den Weingenuß so jäh beenden kann. Sein Auftreten ist um so ärgerlicher, je wertvoller der betreffende Flascheninhalt ist.
Der Stopfen aus Naturkork gilt als Ausweis eines guten Weins. Dennoch ist er nicht der ideale Flaschenverschluß; regelmäßig trägt er sogar dazu bei, den Wein, den er in der Flasche bewahren soll, zu verderben: durch den »Korkgeschmack« nämlich.
Dieser Fehler ist nicht eindeutig zu definieren, er kann verschiedene Ursachen haben. Äußerlich sichtbare Ursachen sind Schimmelbefall oder das Eindringen der Korkmotte. Diese tritt heute nur mehr äußerst selten auf, dann vor allem in sehr feuchten, alten Kellern. Sie kann jedoch wirksam bekämpft werden.
Kork ist ein natürlicher Stoff. Das Korkgewebe besteht aus Membranen, deren Zellwände aus Zellulose (Stützsubstanz), Korkwachs (weitgehend undurchlässig für Flüssigkeiten und Gase) sowie einer verholzten Schicht (gibt Festigkeit) besteht. Kork (lat. *cortex* = Rinde) wird aus der Rinde der Korkeiche *(Quercus suber)* gewonnen, die aus klimatischen Gründen fast nur in den westlichen Mittelmeerländern gedeiht. Ihre Anbaufläche beläuft sich auf rund 2,7 Millionen Hektar. Der Baum schützt sich mit der mehrere Zentimeter dicken, nachwachsenden Rinde vor Austrocknung, Hitze und Schädlingen. Mehr als 50 % der Rinde wird in Portugal gewonnen, etwa 20 % in Spanien. Weitere nennenswerte Erzeugerländer sind Algerien, Italien und Marokko. In der Verarbeitung, d. h. in der Herstellung des Endproduktes Flaschenkork, rangiert Portugal mit fast 80 % weit an der Spitze.
Die Bäume werden acht bis zehn Meter hoch und haben eine Nutzungsdauer von etwa 200 Jahren. Zum erstenmal kann die Rinde abgeschält werden, wenn der Baum 25 Jahre alt ist; diese »Jungfernrinde« darf aber noch nicht zur Herstellung von Flaschenkorken verwendet werden. Die weiteren Ernten erfolgen in Abständen von 9 bis 12 Jahren.
Nach der Ernte wird die Rinde ein Jahr und länger abgelagert, dann in Wasser gekocht, gepreßt, in Platten von handlichem Maß geschnitten und nach Qualität sortiert. Dann werden aus den Platten Streifen geschnitten, aus denen man schließlich die zylindrischen Stopfen ausstanzt. Diese Rohlinge müssen noch an den Stirnflächen geglättet und rundgeschliffen werden.
Danach erfolgt das Bleichen, das Sortieren nach Güteklassen, das Imprägnieren mit einer wachsartigen Substanz (um den Stopfen gleitfähig zu

Schälen einer Korkeiche in Portugal. Die Rinde dient zur Herstellung der Flaschenkorken

machen) und schließlich der Korkbrand (heute meist ein Aufdruck).
Je kostbarer der Wein, je länger er gelagert werden soll, um so besser muß der Korken sein, der die Flasche verschließt. Ein hochwertiger Korken darf nur wenige Poren haben, die senkrecht zu den Jahresringen stehen.
Selbst der beste Korken aber kann einen »Korkgeschmack« verursachen, den berüchtigten »Muffton«. Die Voraussetzung zur Entstehung der dafür verantwortlichen Stoffe ist überaus kompliziert, es sind sowohl biologische als auch chemische Vorgänge beteiligt. Von wesentlichem Einfluß auf die Bildung solcher Fremdnoten sind die Lagerbedingungen der Korkplatten in den Produktionsstätten. Denn dort überziehen sich diese mit einer von Mikroorganismen verursachten Schimmelschicht. Das Vorhandensein dieser verschiedenen Schimmelkulturen kann dann zu Problemen beim späteren Flaschenwein führen. Denn die chemische Verbindung »Trichloranisol«, die den typischen Korkmuffton im wesentlichen verursacht, kann von eben diesen Mikroorganismen während der Lagerphase und auch später erzeugt werden. Schon bei einem Gehalt von etwa 50 Milliardstel Gramm Trichloranisol (entsprechend der Lösung eines Stücks Würfelzucker in einer Menge Wasser, die in 3000 Tankwagen enthalten ist), kann damit gerechnet werden, daß eine Flasche Wein ungenießbar wird.
Daneben können noch andere Verbindungen, die sich geruchlich und geschmacklich erst in wesentlich höherer Konzentration bemerkbar machen, das Geschmacksbild des Weines negativ beeinflussen.
Heute steht der Korken in der Weinbranche in Konkurrenz zu anderen Verschlüssen, die den eigentlichen Anforderungen, nämlich den Wein vor Verdunstungsverlusten und Luftsauerstoff zu schützen sowie geschmacksneutral zu sein, voll entsprechen. Gemeint sind hier der Schraub- oder Dreh-

verschluß und der Kronenkork. Es ist übrigens eine irrige Meinung zu glauben, der Wein benötige den Naturkorken, um »atmen« oder sich entwickeln zu können. Gerade das Gegenteil ist der Fall, jeglicher Zugang von Sauerstoff zum Wein über den Verschluß ist von Nachteil. Vergleichende Lagerversuche haben dies eindeutig bestätigt. Sie haben auch zur Erkenntnis geführt, daß weinbauliche Versuche nur dann glaubwürdige Ergebnisse liefern können, wenn die besagten Weine mit einem neutralen Verschluß, keinesfalls mit dem Naturkorken, verschlossen waren.
Es sei hier nur daran erinnert, daß man noch vor Jahrzehnten hochwertige, mit hohem Lagerpotential ausgestattete Weine am Korken mit Siegellack überzog, um dem Luftsauerstoff den Zugang zu verwehren. Hier konnte der Wein auch nicht »atmen«, und wie prächtig haben sich diese Weine entwickelt!
Naturkork oder Schraubverschluß ? Eine Frage, die beim Verbraucher sofort Emotionen weckt. Er will den Schraubverschluß nicht akzeptieren, schon gar nicht beim Bocksbeutel. Für ihn gehören guter Wein und Naturkork zusammen, auch wenn das weiß Gott mit Qualität überhaupt nicht in Verbindung zu bringende »Plopp« als Hauptargument bei »pro Naturkork« herhalten muß. Die Ratio versagt hier. Ist ja auch in Ordnung, nur ... ja nur, wenn das Problem »Korkschmecker« eben nicht wäre. Sehr fatal ist es für den Naturkork-Anwender, wissen zu müssen, daß es nicht genügend erstklassige Korken gibt – die Natur läßt nicht mehr zu – und daß noch so gute (und teure) Korken nur ein gutes Abdichten garantieren, bei den Korkmufftönen den anderen aber keineswegs nachstehen.
Eine andere Alternative zum Naturkork herkömmlicher Art, der sogenannte Preß- oder Agglomerat-Korken, der aus Abfallprodukten hergestellt wird, ist gar keine, denn das Fehlton-Risiko ist hier ungleich höher, ist gewissermaßen schon vorprogrammiert.
Solange Weinflaschen mit Naturkorken verschlossen werden, muß der Weintrinker mit dem Korkgeschmack rechnen. Selbst wenn bei der Herstellung eine größere Sorgfalt geübt würde, völlig zu vermeiden wäre er nie.

Du weißt ja, normalerweise mache ich hier sonst keine Pause. Aber du sollst auch wissen, daß ich heute abend wichtigen Besuch habe und meine einzige Flasche 1976er Abtswinder Altenberg, Scheurebe Auslese aufmachen werde. Es wäre mir schon sehr damit gedient, wenn dieser Wein keinen Kork hätte!

Heckenwirtschaften

Das Recht des Winzers, den Most oder Wein der eigenen Ernte auszuschenken, kann bis in die Zeit von Kaiser Karl dem Großen zurückverfolgt werden. Die von ihm eigens erlassenen Vorschriften, wozu der Kranz, Strauß, Strohwisch oder Besen vor der Tür gehört, gelten zum Teil trotz mancher Verbote wegen »mißbräuchlicher Völlerey« noch heute. Der Ausschank selbstgewonnener Weine hat seinen Ursprung in der Erlaubnis durch die Grundherren. Kündigte sich ein einträglicher Herbst an, nahmen sie sich jedoch auch selbst das Recht, ihre Weine zuerst auszuschenken. Es war das sogenannte »Bannrecht«, d. h., zu dieser Zeit durfte kein anderer Wirt oder Heckenwirt neuen Wein ausschenken. In den mittelalterlichen Erlassen zählte, daß erst beim Läuten der »Weinglocke« zum Feierabend oder sonntags nach der Messe ausgeschenkt, daß liederliche Personen »zur Aufrechterhaltung der Sittlichkeit« nicht beschäftigt und nur der selbst geerntete Wein in des Winzers eigenen Räumen ausgeschenkt werden durfte. Schon 1711 wurden in einer Verordnung warme Speisen verboten. Auch heute noch dürfen in Heckenwirtschaften – sie werden andernorts auch Strauß- oder Besenwirtschaft, in Österreich Buschenschank genannt – zum Wein nur kleine, passende Tellergerichte wie hausgemachter weißer oder roter Pressack, Leber- und Griebenwurst, Bratwürste, blaue Zipfel, Schinken oder Käse gereicht werden. Zum Bremser, den

Hausnummer eines Weinguts in Dettelbach

manche Winzer im Herbst ausschenken, sind Zwiebel- und Speckkuchen besonders beliebt. Die Schankzeit ist auf maximal vier Monate begrenzt, und die »Hecke« darf nicht mehr als 40 Sitzplätze aufweisen. In früheren Zeiten war der eigene Kleinausschank für den Winzer das letzte Mittel der Geldbeschaffung, besonders bei großen Ernten und gleichzeitig schlechtem Absatz.
Durch zahlreiche Verordnungen wird über Jahrhunderte der Ausschank des Weines durch den Winzer und die Gastwirtschaften reguliert. Die Obrigkeit kümmerte sich sorgsam um den Ausschank des neuen Weines, schon um der Einnahmen willen. So erließ das Mainzer Stephansstift in kurfürstlicher Zeit um 1700 eine »Renovierte Wein-Zapf-Ordnung«. Dort heißt es: Die Zahl der Straußwirte ist klein zu halten, die Zapfzeit genau festzulegen bzw. einzuhalten, und der Zapf muß gemeldet werden. Bevor der Kranz oder Strauß zum Zapfen ausgehängt wird, sollen die »Weinacciser« (Steuereintreiber) in den Keller kommen, um das sogenannte »Ohmgeld« oder »Umgeld« zu erheben.
Bis zurück ins ausgehende Mittelalter läßt sich der Ausschank von Wein in Heckenwirtschaften auch in Franken nachweisen. So gab es bis um 1760 in Würzburg die »Weinschreyer« oder »Umgelddiener«, die am Sonntag nach dem Hochamt vor dem Dom und anderen Plätzen laut verkündeten, welche Bürger in der angehenden Woche ein Schankzeichen (Busch, Besen, Strauß) ausgehängt hätten und zu welchem Preis sie verkauften. Diese »Weinschreyer« hatten auch darüber zu wachen, »daß keiner ausschenkte, der nicht eigenen Wein besaß«, und daß nur jene Weine verzapft wurden, deren Ausschank und Preis vom Umgeldamt genehmigt worden war. Zwei unmittelbare Nachbarn durften nicht gleichzeitig zapfen. Statt des »Weinrufens« gab es auch den Brauch, »An's Brett zu schreiben«, wer wann und zu welchem Preis ausschenkte, und zwar durch Aushang am Rathaus. Im Mainfränkischen Jahrbuch von 1958 gibt es eine von A. K. Franz vorgenommene Zusammenstellung der Begebenheiten und historischen Daten nachzulesen. Auch in Franken war die Kenntlichmachung der Strauß- oder Strohwirtschaft sowie Umfang, Art und Weise des Ausschanks amtlicherseits angeordnet und geregelt. Für solche Verordnungen hat es auch Gründe gegeben, denn wie berichtet wird, wetterten im 16. und 17. Jahrhundert die Häcker (Winzer) und Wirte dagegen, daß »fremde Bürger«, z. B. aus Zell, nach Erschlei-

chung des Bürgerrechts Weine in die Stadt brachten und ausschenkten, die sie auswärts gekauft hatten. Auch kam es vor, daß Straußenwirtschaften von Würzburger Bürgern betrieben wurden, die keinen Weinbergsbesitz hatten, dafür aber Weine aus den umliegenden Weinorten Heidingsfeld, Erlabrunn, Zellingen u. a. ausschenkten. Sie nahmen damit den einheimischen Winzern und Wirten Geschäfte weg, wogegen sich diese verständlicherweise wehrten. Die Klage bezog sich u. a. auch auf den Ausschank durch geistliche Herren aus den Stiften in der Stadt Würzburg, welche den sogenannten »Bestallungswein« (dieser war Zahlungsmittel für vollbrachte Leistungen) entweder in einer eigenen Heckenwirtschaft feilboten oder sonstwie verkauften. In ertragsstarken Jahren floß der Deputatwein für Bedienstete bei Kirche und Amt so reichlich, daß man ihn nicht alleine trinken konnte.

Heute kann man sich in vielen Weinorten Frankens am »Eigenbau« des Winzers erfreuen. Nicht selten räumt er seine beste Stube aus, um seine Gäste mit seinem Wein und zünftiger Brotzeit zu bewirten. Oft geht es dann sehr lebhaft und laut zu, man trinkt, lacht und scherzt bis in die tiefe Nacht und ist enttäuscht, wenn der Heckenwirt eine Stunde nach Mitternacht die Sperrstunde ausruft.

So mag sich auch nach dem Besuch einer Heckenwirtschaft folgendes zugetragen haben: Zwei wackere Zecher hatten kurz vor der Polizeistunde noch sehr genüßlich einem Bocksbeutel Beerenauslese zugesprochen und bewegten sich mehr schlecht als recht in Richtung heimatliche Gefilde. Da bemerkte der etwas langsamer gehende – des Weines vollere? – Weinfreund, daß seinem Vordermann ein Fünfmarkstück aus der Hosentasche gefallen war. Er selbst, nicht imstande, dies aufzuheben, versuchte dem Kumpanen durch Zuruf mitzuteilen, daß er eben dieses Geldes verlustig gegangen sei. Jener reagierte nicht, er ging weiter seines Weges. Schließlich holte ihn sein Freund mühsam ein und teilte ihm abermals den Verlust des Geldes mit. Da meinte er nur, er habe das Herabfallen der Münze schon selbst bemerkt, sich aber nicht nach ihr gebückt. Denn, es möge ja sein, daß er wieder zu den fünf Mark gelangt wäre, aber dabei hätte ja für fünfzig Mark Wein aus ihm herauslaufen können. Dies wiederum wäre nicht zu verantworten gewesen. Sicher hatte er recht.

Rebsorten in Franken

Will man die Rebsorten Frankens darstellen, gerät man sehr schnell in ein zweifaches Dilemma: Zum einen schleicht sich gern der mehr oder weniger unterschwellige Versuch einer Wertung ein, zum anderen besteht die Gefahr einer aus Perfektionismus geborenen Verzettelung, die dann auch jede noch so untergeordnete Neuzüchtung ausführlich würdigt.
Es sei hier deshalb in der Art eines Weinseminars der Versuch gewagt, die Rebsorten nach der Eingängigkeit oder Maulfertigkeit für einen noch ungeschliffenen Zecher in einem Grundsemester und drei Fachsemestern näherzubringen.

Das Grundsemester

Im Grundsemester werden uns fünf Traubensorten vorgestellt, die sowohl zum geschmacklichen Einstieg in den Frankenwein als auch zum fröhlichen »Schoppenpfetzen« bestens geeignet sind; sie haben durchwegs einen sehr deutlichen Eigengeschmack, sind fast alle früh- oder zumindest nur mittelspät reifende Sorten und stellen an den Wengert nicht die allerhöchsten Ansprüche. Sie sorgen dafür, daß die preiswerten Literflaschen für die Weinstuben voll bleiben und daß auch sogenannte »Randlagen« durchaus zu Ehren kommen können.
Der ***Müller-Thurgau*** ist eine der ältesten bekannten Rebenzüchtungen Deutschlands; sie wurde 1882 von dem aus dem Thurgau in der Schweiz stammenden Professor Müller in Geisenheim (Rheingau) vermeintlich aus Riesling und Silvaner gezüchtet. Der Müller-Thurgau wurde deshalb auch lange Zeit als Riesling-Silvaner bezeichnet. Erst das Verhalten der Sorte in der Vererbung ließ Zweifel aufkommen, die mittlerweile voll bestätigt sind: Hielt Breider den Müller-Thurgau noch für eine Selbstung des Rieslings, d. h. für die zufällige Kreuzung zweier verschiedener Rieslingklone, so hat jetzt eine Genortanalyse der österreichischen Bundesanstalt in Klosterneuburg aus dem Jahr 1996 die Sensation perfekt gemacht und zugleich die Philosophie des Schweizer Professors in ein neues Licht gerückt: Der Müller-Thurgau ist zweifelsfrei eine Kreuzung aus Riesling x Gutedel.
Die Umzugsturbulenzen des Professors von Geisenheim nach Wädenswil in

der Schweiz haben ihm wohl einen Streich gespielt, aber sein Züchtungsziel Frühreife, Lockerbeerigkeit und gutes Aromaprofil voll bestätigt. Rheingauer Riesling x Lausanner Chasselas (so heißt der Gutedel in der französischen Schweiz), die Rheingauer Vornehmheit eines Rauenthaler Baiken gepaart mit der sinnlichen Fruchtigkeit eines Dezaley Clos des Abbayes ... kann es für einen Schweizer Professor noch ein höheres Ideal geben?
Bald dreißig Jahre fristete die neue Sorte des Professors Müller ein Mauerblümchendasein, bis sie der Bayerische Landesinspektor für Weinbau, August Dern, im Jahre 1913 aus der Schweiz nach Franken holte und ihren Versuchsanbau betrieb. Die Dokumentation ihres landeskulturellen Wertes 1938 verhalf der Sorte schließlich zu ihrem Durchbruch und Siegeszug. Die frühe Reife des Müller-Thurgau erlaubt ihm überall in Franken, selbst in nicht so gesegneten Sommern, zeitig seine vollen Geschmacks- und Aromastoffe zu entwickeln, er ist fast immer vollmundig, zuweilen sogar etwas aufdringlich parfümiert ... Michael Meisner hat es trefflich so formuliert: »Er kann auch für Damen oder solche, die noch nicht lange am Wein herumgekaut haben, ungewöhnlich eingängig sein.« Besonders spritzigen und feinnervigen Müller-Thurgau keltert man in Weimersheim vom Roten Berg, in Castell vom Kugelspiel, in Thüngersheim vom Johannisberg, in Hammelburg vom Trautlestal oder Schloßberg, in Ramsthal vom St. Klausen, in Wasserlos vom Luhmännchen und in Großostheim vom Harstell, d. h. fast ausschließlich in entweder klimatisch oder geographisch bedingten Randlagen.
Im Jahre 1996 fanden sich 14 fränkische Winzer zusammen, um dem Renommee des Müller-Thurgau, vor allem bei der weintrinkenden Jugend ein wenig auf die Sprünge zu helfen. Man gab sich gemeinsame klare Vorgaben zum Anbau und Ausbau, die da lauteten:

Im Weinberg: Reduzierung des Ertrages
Sehr kurzes Anschneiden
Laubarbeit in der Traubenzone
Mostgewicht über 70° Oechsle
Säurekontrolle
Nur vollreifes ausgesuchtes Lesegut

Im Keller: Ausbau nach den Zielen
trocken, aber nicht herb
»ein Tänzer auf der Zunge«
»leicht, aber kein Leichtgewicht«
fruchtiges Aroma nach Zitrusfrüchten und Aprikosen
belebend, mit natürlicher Kohlensäure

Das Ergebnis wurde unter dem Namen »Der Müller« in weiße Bocksbeutel mit einheitlichem Etikett gefüllt; nur ein Rückenetikett gibt Aufschluß über den jeweiligen Winzer.
Die Weine der seitherigen Jahrgänge konnten sich sehen und schmecken lassen, sie waren immer schnell ausverkauft.
Der ***Bacchus*** ist eine verhältnismäßig junge Züchtung aus (Silvaner x Riesling) x Müller-Thurgau und macht seinem bockshörnigen satyrbegleiteten Namensgeber mit seinem lauten Bukett alle Ehre; er hat sich durch seine frühreife und unempfindliche Art bereits ein gehöriges Territorium in Franken erobert und wird dies wohl aufgrund seines obendrein guten Mengenertrages unumstritten halten können. Der Bacchus eignet sich besonders für die ansonsten etwas langweiligen Lagen des Hauptmuschelkalkes von Frickenhausen, Sommerhausen und Eibelstadt, aber auch vom Karlstadter Roßtal und Eußenheimer First ist er nicht zu verachten.
Mit dem ***Ortega,*** den er seinem Lieblingsphilosophen Ortega y Gasset widmete, hat sich der Züchter aus Leidenschaft, Hans Breider, wohl ein bleibendes Denkmal in Franken gesetzt, indem er die Siegerrebe mit dem Müller-Thurgau kreuzte. Die Siegerrebe ihrerseits ist eine Kreuzung aus der französischen Madeleine angevine und dem Gewürztraminer. Auch die Ortegatraube hat ein sehr vollmundiges, jedoch deutlich nobleres Bukett als der Bacchus und nützt durch ihre frühe Reife Randlagen und schlechte Sommer aus; sie vermag es, einem Sander Kronberg oder einem Ramsthaler St. Klausen ungeahnte Noblesse zu verleihen und ist durch den Aschaffenburger Pompejaner bei Staatsempfängen hoffähig geworden.
Der ***Kerner*** ist eine württembergische Züchtung und verdankt seinen vollmundigen Geschmack der seltenen Zuchtvariante Trollinger x Riesling, also einer Ehe von Rot- und Weißwein. Er reift mittelspät und ist mit seinen Lageansprüchen schon nicht mehr ganz so bescheiden wie die drei vorgenannten Rebsorten. Er vermag seine Art besonders am Frankenberger Schloßberg, am Randersackerer Marsberg und am Großheubacher Bischofsberg zur Geltung zu bringen.
Der ***Graue Burgunder*** oder Ruländer ist von den eingängigen Rebsorten sicher die vornehmste, ob sie in Franken allerdings ihr Terrain gegenüber der mächtigen badischen Konkurrenz wird halten können, das wird die Zukunft zeigen. Der milde, runde und doch sortentypische Eigengeschmack stammt unverwechselbar aus dem Hause Burgunder und entfaltet sich sowohl am Würzburger Pfaffenberg, am Thüngersheimer Scharlachberg wie auch am Erlenbacher Krähenschnabel.

Müller-Thurgau

Bacchus

Kerner

Ruländer

Silvaner

Riesling

Traminer

Scheurebe

Rieslaner

Spätburgunder

Portugieser

Domina

Erstes Fachsemester - oder Frankens Weinadel

Adel gründet entweder auf Alter oder Einflußreichtum oder er wird aufgrund besonderer Verdienste verliehen; die nachfolgenden sechs Rebsorten geben dafür ein beredtes Beispiel.
Allein schon aufgrund ihrer stolzen Anbaufläche von gut 20 % ist die ***Silvanerrebe*** die Frankentraube schlechthin, wenngleich sie unter den alten Trauben in Franken nachweislich die jüngste ist.
Der Zisterzienserabt Alberich Degen aus Ebrach gilt weiterhin als ihr Begründer in Franken, auch wenn ihr erster urkundlicher Nachweis aus dem Jahr 1659 in die Weinberge der Grafen Castell führt.
Alberich Degen als Prior und späterer langjähriger Ebracher Abt erfuhr von der hohen Qualität der sogenannten Österreicherrebe wohl über sein Tochterkloster Rein in der Steiermark, welches umfangreiche Rebgüter südlich von Graz und in der Nähe von Sitting im heutigen Slowenien besaß.
Es scheint ziemlich sicher, dass er die Österreichrebe zur Qualitätsverbesserung in seine fränkischen Weinberge brachte und sie 1665 am Würzburger Stein anpflanzen ließ, wie eine Gedenktafel berichtet. Sie ist im Keller des Bürgerspitals und als Kopie im Ebracher Hotel Klosterbräu zu besichtigen.
Die Silvanerrebe wurde bis vor kurzem als eigenständige Sorte angesehen, und bei ihrer Herkunft begann in allen Weinbüchern das gegenseitige von einander abgeschriebene Schwadronieren über Siebenbürgen oder Transsylvanien.
A. Hacker hat 1985 Transsylvanien eindeutig als Herkunftsland ausschließen können, was er sowohl geschichtlich als auch klimabedingt bewies.
Die schönste Silvanergeschichte schrieb zweifelsohne der Randersackerer Winzer Fritz Lippe, der auf eigenen Reisen nach Kleinasien mehrere osttürkische Orte mit Namen Silvan fand und einen Reiseweg des Silvaners über die Seidenstraße nach Franken vermutete. Der Bamberger Sprachwissenschaftler Klaus Kreiser zerstörte leider die wunderschöne Fabel, indem er nachwies, daß das Wort Silvan auf ein kurdisches Herrengeschlecht des ausgehenden 15. Jahrhunderts zurückgeht.
Dr. Ferdinand Regner von der österreichischen Weinbauforschungsanstalt in Klosterneuburg enttarnte den Silvaner als Kreuzung: er fand mit Hilfe der Genanalyse die beiden Elternteile des Silvaners, nämlich Traminer und Österreichisch Weiß. Letztgenannte Sorte ist eine untergeordnete Massenträgertraube aus dem einstigen gemischten Satz in Österreich, am ehesten in der Art mit dem früher auch in Franken angebauten Elbling vergleichbar.
Einen wichtigen Mosaikstein zur Silvanergeschichte hat Fritz Lippe dennoch

beigesteuert: er fand als erster bei Philippi eine altrömische Darstellung des Gottes Silvanus, des Gottes des Waldes, der Weiden und der Weinberge.
Es könnte durchaus Alberich Degen gewesen sein, der als gebildeter Humanist um die altrömischen Götter wissend den Namen Silvaner kreierte – sozusagen als barockes Werbemittel für eine zukunftsträchtige Qualitätsrebe.
Der Silvaner ist anpassungsfähig wie der Franke selbst und bildet Lokalrassen von gelben und grünen, selten blauen Trauben, die sich mit dem jeweiligen Kleinklima oder Kleinstandort dann am besten arrangieren. Er ist nicht so anspruchsvoll an den Standort wie der Riesling, deshalb seine große Verbreitung. Seinen stoffig-erdigen und teilweise auch wieder recht spritzigen Sortengeschmack entfaltet er aber nur in den besseren und besten Lagen wie am Iphöfer Julius-Echter-Berg, am Iphöfer Kronsberg, am Casteller Hohnart, am Escherndorfer Lump, am Frickenhäuser Kapellenberg, am Randersackerer Pfülben, am Würzburger Stein und der Würzburger Inneren Leiste, am Thüngersheimer Johannisberg und am Homburger Kallmuth.
Absoluten Adel nach Alter, Herkunft und Ansprüchen an den Standort beweist der ***Riesling,*** der nicht nur in Franken, sondern in allen namhaften Weinbaugebieten Deutschlands zu den besten Gewächsen überhaupt gezählt wird. An den Boden stellt der Riesling nur geringe Ansprüche, er wächst in Deutschland praktisch auf allen Bodenarten. In trockenen, flachgründigen, steinigen Südhängen gedeiht keine Rebe besser.
Die Herkunft des Rieslings kann trotz Genanalyse nicht mit letzter Genauigkeit bewiesen werden. Eine der Vermutungen ist, er habe sich aus der am Oberrhein heimisch gewesenen Wildrebe Vitis vinifera var. silvestris entwickelt. Auch läßt sich der Sortenname nicht eindeutig klären.
Die in der Fachsprache verwendeten Geschmacksbezeichnungen rassig, stahlig, nervig, wuchtig treffen allerdings in Franken nur auf die besten Standorte zu und dies auch nur nach guten Herbsten. Dann allerdings wuchern die Renommierlagen wie Iphöfer Julius-Echter-Berg, Escherndorfer Lump, Randersackerer Pfülben, Würzburger Stein und Innere Leiste sowie Homburger Kallmuth mit ihren Rieslingpfunden, und auch der vielzitierte Krönungswein für Königin Elisabeth von England war eine 1950er Riesling Auslese vom Iphöfer Julius-Echter-Berg, ausgebaut vom Juliusspital-Weingut Würzburg.
Rieslinge der besonders feinnervigen Art gibt es vom Urgestein am Hörsteiner Abtsberg, am Wasserloser Schloßberg und am Michelbacher Apostelgarten.
Der ***Traminer*** mit seinen rötlich gefärbten Beeren zählt auch zu den Ur-alt-Reben, ist jedoch mit seinem an Birnenduft und Rosenblätter erinnernden Aroma den vornehmen Würztrauben zuzurechnen. Leider sind seine Ansprüche an die Lage ähnlich hoch wie die des Rieslings, jedoch

REBSTOCK

Aperitif

1990er Randersackerer Marsberg
Rieslaner Auslese
Goldene Frankenweinmedaille

1993er Marktheidenfelder Kreuzberg
Silvaner Kabinett – trocken –
Goldene Frankenweinmedaille

1993er Würzburger Stein
Riesling Kabinett – trocken –
Goldene Frankenweinmedaille

1992er Würzburger Stein
Rieslaner Spätlese
Goldene Frankenweinmedaille

1993er Würzburger Pfaffenberg
Rieslaner Spätlese – trocken –
Silberne Frankenweinmedaille

1993er Marktheidenfelder Kreuzberg
Rieslaner Spätlese
Goldene Frankenweinmedaille

1994er Würzburger Stein
Rieslaner Trockenbeerenauslese
Goldene Frankenweinmedaille

Nachtrunk

1994er Randersackerer Marsberg
Rieslaner Kabinett

Sülze von fränkischem Karpfen
Feldsalat mit Speck- und
Weißbrotkrusteln

✳

Kürbisrahmsuppe
mit gerösteten Sonnenblumenkernen

✳

Kalbsbries
mit Steinpilzen im Lauchbett

✳

Sorbet vom Rieslaner Federweißen

✳

Poulardenbrust mit Mainzander und Crevetten gefüllt
Rieslanersahne, Wirsingbällchen und
Kartoffelmaultaschen

✳

Walnußcharlotte an weißer Mokkasauce

✳

Kaffee

gesellen sich hier zu den schon bekannten Spitzenlagen aus Iphofen, Randersacker, Würzburg und Homburg noch die zusätzlichen Sonnennischen am Gaibacher Schloßberg, am Escherndorfer Lump, am Sommeracher Katzenkopf und am Klingenberger Schloßberg.
Ist der Traminer schon eine sehr bukettreiche Traube, so entfaltet die ***Scheu***rebe in entsprechenden Lagen und Jahren eine wahrhaft orientalische Fülle an Duft, der an eine Mischung aus schwarzen Johannisbeeren und Holunderblüten erinnert. Georg Scheu's vermutliche Kreuzung aus Silvaner und Riesling (Alzey 1916) wird als solche von seiten der Genanalytik stark in Zweifel gezogen. Die Sorte benötigt nicht gerade die absoluten Spitzenlagen, sondern entfaltet ihre volle Blume auch noch in den sogenannten besseren Lagen - gut wäre schon zu wenig -, und hat ihre ureigenen Spitzenstandorte am Iphöfer Kalb, am Abtswinder Altenberg, am Frickenhäuser Kapellenberg, am Sommerhäuser Steinbach, im Randersackerer Teufelskeller und am Thüngersheimer Scharlachberg.
Eine der edelsen Neuzüchtungen aus Veitshöchheim, die ziemlich sicher die Zeiten überdauern wird, ist der ***Rieslaner,*** den Dr. Ziegler bereits in den zwanziger Jahren aus Silvaner und Riesling veredelte. Er vereint die geschmackliche Fülle von Riesling und Silvaner mit einer gewaltigen Portion Säure und ist in Spitzenjahren zum Teil noch ausbaufähiger als der Riesling selbst, aber - es ist schon wieder vorauszuahnen - nur in den absoluten Spitzenlagen von Iphofen, Randersacker und Würzburg, zu denen sich noch der Marktheidenfelder Kreuzberg gesellt. Spitzenweine dieser Sorte weisen ein sehr großes Reife- und Lagerungspotential auf. Am 25. Oktober 1996 wurde der 75ste Geburtstag des Rieslaners im Stückfaßkeller der Würzburger Residenz geziemend gefeiert. Das Festmenue wurde vom Hotel Rebstock zelebriert, die begleitenden Rieslanerweine sind der festlichen Speisekarte (Seite 130/131) zu entnehmen.
Als letzter Vertreter des Weinadels wäre noch der ***Weiße Burgunder*** zu nennen. Den mengenmäßig sehr unsicheren Anbau der hochnoblen Burgundertraube leisten sich nur die großen Selbstvermarkter wie das Juliusspital am Astheimer Kartäuser, das Bürgerspital und der Hofkeller am Würzburger Stein, Paul Fürst am Bürgstadter Centgrafenberg und Wirsching in Iphofen.

Zweites Fachsemester - oder die (fast) geschlossene Buntsandsteingesellschaft der Frankenrotweine

Die Rotweinrebe Frankens schlechthin ist die Burgundertraube, die man in den selteneren Frühburgunder und den etwas häufigeren Spätburgunder unterscheidet. Beide gedeihen am besten auf dem roten Sandstein am Mainviereck, mit dem der Main das Waldgebirge des Spessarts umrundet. Die ***Frühburgunder*** sind eine Domäne Bürgstadts, wo sie am Centgrafenberg vorzüglich gedeihen. Auch am nahegelegenen Dorfprozeltener Predigtstuhl zeigt der Frühburgunder Stärke.

Der ***Spätburgunder*** (eigentlich »Blauer Spätburgunder«; in Südtirol »Blauburgunder«, im Rest der Welt »Pinot noir« genannt) entfaltet seinen »burgundertypischen«, leicht an Mandeln und Buttermilch erinnernden Geschmack am Kreuzwertheimer Kaffelstein, an der Bürgstadter Mainhölle und am Centgrafenberg, am vielgepriesenen Klingenberger Schloßberg, am Erlenbacher Hochberg und an den Rücker Lagen Jesuitenberg und Schalksberg. Ein kleiner Spätburgundervorposten befindet sich infolge einer geologischen Störung bereits in Thüngersheim am Scharlachberg und bei Karlstadt am Gambacher Kalbenstein.

Eine gewisse kleine fränkische Rotweintradition besitzt neben den übermächtigen Spätburgundern die ***Portugiesertraube,*** die allerdings einen wesentlich leichteren Rotwein abgibt und als Müller-Thurgau unter den Rotweinen bezeichnet wird. Besonders das Steigerwalddorf Wiesenbronn hat sich mit dem Portugieser zur halben Rotweingemeinde gemausert.

Rotwein erfreut sich in den letzten Jahren immer größerer Beliebtheit, und deswegen begann allenthalben außerhalb des Buntsandsteingebietes ein fleißiges Experimentieren mit ***Domina,*** Schwarzriesling, zuletzt auch mit der in der Pfalz so kometenhaft aufgestiegenen Sorte Dornfelder. Hier ist jedoch noch kein abschließendes Urteil und schon gar kein oberweinhirtlicher Segen abgegeben, so daß es verfrüht wäre, Empfehlungen auszusprechen. Der Domina kann man mit die größten Chancen einräumen, in Franken heimisch zu werden, bringt sie doch schon seit Jahren auf einer Reihe von Muschelkalkbergen wie am Volkacher Ratsherr, dem Würzburger Pfaffenberg, dem Thüngersheimer Scharlachberg und erstaunlicherweise auch am Rimparer Kobersberg recht charaktervolle Weine hervor. Auch die Vertreter des Buntsandsteins wie der Bürgstadter Centgrafenberg, der Miltenberger Steingrübler und der Großheubacher Bischofsberg zeigen Ausdrucksstärke.

Ein Denkanstoß für weitere Rotweinüberlegungen sei jedoch erlaubt, zumal sowohl dem Schwarzriesling als auch dem Dornfelder das Frankentypische abgesprochen wird. Warum beschäftigt man sich nicht intensiver mit dem Lemberger, den man auch, *nomen est omen,* den Blaufränkischen nennt?

Drittes Fachsemester – oder Vergangenes und Vergängliches

Bis zu Beginn des vorigen Jahrhunderts baute man den Wein größtenteils im sogenannten Mischsatz mit zwanzig und mehr Sorten, von denen die meisten nach Massenertrag bewertet wurden, denn für die Abgabe des Zehntweins, d. h. der Naturalweinsteuer, war einzig und allein die Menge, nicht aber die Qualität maßgebend.

Eine aus dieser Zeit sehr frankentypische Rebe, der ***Elbling,*** auch der Grobe genannt, ist aus Franken offiziell völlig verschwunden; man kennt ihn heute noch an der Obermosel als Kleinberger, wo er als Sektgrundwein geschätzt ist.

Die vielerorts durchgeführte Weinbergsbereinigung hat auch in vielen Fällen Sortenbereinigungen mit sich gebracht und die früher sehr geschätzten Sorten ***Gutedel, Goldmuskateller*** und ***Muskat-Ottonel*** nahezu aussterben lassen. So erzählt man sich noch anerkennend vom Muskateller aus den Wengerten von Köhler und seiner betörenden Blume, und vor nicht allzulanger Zeit verzeichneten sowohl das Würzburger Bürgerspital als auch der Weikersheimer Schloßkeller noch die Sorte Muskat-Ottonel auf der Preisliste.

Von den Neuzüchtungen älterer Art sind es zwei Sorten, die sich zur Zeit noch halten und um die es sicher schade wäre, wenn sie aus Franken verschwänden. Da ist zum einen die ***Perle,*** die Kreuzung aus Traminer und Müller-Thurgau, die sowohl am Eltmanner Schloßberg als auch an der Gössenheimer Homburg und im Hammelburger Trautlestal feine, vollmundige Weine hervorbringt, aber wohl aus mangelndem Publikumsgeschmack immer weniger vorkommt. Zum anderen sei die ***Huxelrebe*** genannt, die fast in jedem guten Jahr für die höchsten Mostgewichte verantwortlich zeichnet. Sie hat den Gutedel zur Mutter, dazu die französische Courtillier Musque als Vater. Noch erfreut sie uns mit ihren wuchtigen Auslesen und Beerenauslesen, vor allem aus Iphöfer Weinbergslagen. Aber auch sie hat einen deutlichen Rückgang zu verzeichnen.

Vollends der Vergänglichkeit preisgegeben sind bereits jetzt einst hoffnungsvoll begonnene Neuzüchtungen wie Albalonga, Mariensteiner, Optima, Faber, Würzer und noch einige andere mehr. Sie brachten wohl den einen oder anderen Vorzug wie Frosthärte, Pilzresistenz oder gute Massenleistung, ließen es aber schlichtweg an Geschmack fehlen. Bekanntlich läßt sich über diesen zwar streiten, aber er wird letztlich gnadenlos vom zahlenden Zecherpublikum gemacht.

Genüßliche Weinreise durch Mainfranken

Unsere Reisebeschreibung hat sieben Kapitel und ist sowohl geologisch als auch geographisch geordnet. Unsere Reisebegleiter, der Main und seine Nebenflüsse Wern, Saale und Tauber, führen uns geographisch von Osten nach Westen, durch die Weingeologie jedoch von oben nach unten, d.h. vom erdgeschichtlich jüngsten Gestein, dem Keuper über den Muschelkalk zum Buntsandstein und schließlich zu den ältesten Urgesteinslagen am Hahnenkamm.

Der Weinort Escherndorf, von der Vogelsburg aus gesehen

Für Weinfranken typisch:
Wirtshausschild am
schmiedeeisernen Ausleger

Das erste Kapitel widmet sich dem Keuper, danach beschreiben drei Kapitel den Muschelkalk, je eines erzählt vom Taubertal, dem Buntsandstein und vom Urgestein.
Die Mindestdauer unserer Reise beträgt eine Woche. Erfahrene Frankenweintrinker brauchen ein Leben lang dazu und werden vorsätzlich nicht fertig.
Zur besseren Orientierung und Information ist im Vorsatz des Buches eine Karte abgedruckt und nach jedem genannten Weinort unter dem Symbol Bezugsquellen für Frankenwein aufgeführt, die man unserer Meinung nach kennen sollte; unter dem Symbol werden Wirtshäuser genannt, von denen wir meinen, daß es sich dort gut fränkisch essen und trinken läßt.
Weder Wein- noch Wirtshaustips sind vollständig, sie entsprechen allenfalls unserem derzeitigen Kenntnisstand und einer bewußt subjektiven Auswahl. Für ergänzende und auch kritische Hinweise aus dem Leserkreis bedanken wir uns schon jetzt recht herzlich.

Vom Ziegelangerer Ölschnabel zum Iphöfer Julius-Echter-Berg

Erdige Sinnenfreude zwischen Bacchus und Scheurebe

Unsere Keuperweinreise beginnt mit einem Rokokojuwel, das so ausgereift ist wie eine Trockenbeerenauslese eines 71er Rieslings: der Wallfahrtskirche Maria Limbach bei Eltmann. Balthasar Neumann hat hier in seinem letzten Werk die Schwerelosigkeit des Raumes, die er ein Leben lang immer vollkommener werden ließ, mit einfachsten Mitteln auf geradezu

Maria Limbach. Inneres mit Altären von Johann Peter Wagner

geniale Weise verwirklicht, indem er die optische Unendlichkeit mit einer umlaufenden Empore auf flachen Wandpfeilern erreichte. Das Licht ist allgegenwärtig und doch immer indirekt. Zehn Jahre nach der Grundsteinlegung 1751 zauberte der junge Würzburger Hofbildhauer Johann Peter Wagner in ebensolcher Rokoko-Schwerelosigkeit die diesem Bauwerk adäquaten Altäre hinein, die sich trotz ihrer Eigenständigkeit immer in Maßen und Proportionen dem Gesamtraum unterordnen.
Unser erster Schluck Keuperwein ist ein Ziegelangerer Ölschnabel Müller-Thurgau in der »Martinsklause« in **Ziegelanger;** mit seiner gradlinigen erdigen Art paßt er am besten zu den unnachahmlich guten Blauen Zipfeln.

Ziegelanger: Erich Martin

Martinsklause

Da wir uns nördlich des Mains befinden, trinken wir Haßberge-Wein und wollen dieses seltene Erlebnis noch im Nachbarstädtchen **Zeil** zwischen der Fachwerkpracht am Marktplatz vertiefen, um uns hier mit der Lage Mönchshang vertraut zu machen. Zeil gehörte zum Bistum Bamberg, in dessen Bischofsurbar von 1348 zu lesen steht: »Ferner merke, daß der Bischof auf dem Berge Zeil nahe dem Castrum einen Weingarten hat, der in gewöhnlichen Jahren etwa 14 Karren Weins trägt.«

Zeil: Anton Nüßlein

Weinstube Nüßlein

Zum Einstieg in den Steigerwald wechseln wir die Mainseite und sollten zunächst eine Wanderung durch den Böhlgrund bei Zell am Ebersberg machen, um die rutschigen bunten Keupertone zwischen Laubwald und Wiesengrund hautnah zu erleben und uns zwischen Türkenbund, Akelei und geflecktem Knabenkraut auf den deftigen Schoppen einzustimmen, der zumeist aus der Literflasche oder gar aus dem Steingutbembel kommt, Eigenbau-Müller-Thurgau, Bacchus oder Ortega aus **Sand, Michelau, Altmannsdorf, Falkenstein, Wohnau** oder **Donnersdorf,** ein idealer Begleiter für Hausmacher Bratwürste mit Sauerkraut oder Gerupften an ahornernen Wirtshaustischen.

Alte Weinberge bei Ziegelanger

Sand: Karl Goger

Gasthaus Goger

Wohnau: Gasthaus Steinmetz

Michelau: Erich Barth, Oswald Kram

Gasthaus zur Vollburg

Der Ebracher Abt Alberich Degen beim Pflanzen einer Silvaner-Rebe in Franken im Jahre 1665. Die Skulptur von Reinhard Klesse findet sich am Weinwanderweg durch die Würzburger Innere Leiste

Selten gelungene Verschmelzung von später Romanik und frühem Klassizismus erwartet uns in der mächtigen ehemaligen Zisterzienser-Klosterkirche zu **Ebrach** mit der wunderbaren, auf Straßburger Stilformen zurückgehenden Fensterrose. Der Ebracher Abt Alberich Degen, ein gebürtiger Zeiler, galt bis vor kurzem als der Vater des Silvaners in Franken, und er wird es in der Literatur wohl noch lange bleiben. Gleichwohl hat der Archivar des Fürsten Castell eindeutige Beweise, daß die Silvanerrebe bereits einige Jahre früher in den Casteller Weinbergen Einzug gehalten hatte. Die Vertiefung dieser Frage findet am besten im altehrwürdigen Ebracher »Klosterbräu« statt, oder nach einer idyllischen Wanderung durch den Handthalgrund draußen in der Einzellage Stollberg, wo uns der Staatliche Hofkeller einen duftigen Müller-Thurgau vorhält. Der **Handthal**er Müller-Thurgau mit seinem dezenten Muskatgeschmack hat nach dem Zweiten Weltkrieg den Siegeszug der Rebsorte in die fränkischen Wengerte eingeläutet.

Ebrach
und **Handthal:** Staatlicher Hofkeller Würzburg

Klosterbräu Ebrach
Gutsausschank Stollburg

Blick von der Gutsschänke Stollburg auf die Handthaler und Oberschwarzacher Weinberge mit Friedrichsberg und Schwanberg im Hintergrund

Nun wäre wieder ein bißchen Kunstgenuß angesagt, das Erleben des ersten »geharnischten Zwerges« unserer genüßlichen Frankenreise im ummauerten Städtchen **Prichsenstadt,** das Kaiser Karl IV. in seine Landbrücke nach Böhmen einbezog und schon 1367 zur Stadt erhob. Zur Verkostung der Prichsenstädter Lage Krone, die im Grenzbereich zwischen Keuper und Muschelkalk besonders würzige Schoppen der Sorten Ortega, Albalonga und Perle hervorbringt, halten sich fränkisch bodenständig der »Storchen« und mit gehoben-fränkischer Feinschmeckerküche der »Goldene Adler« bereit.

Wirtshausschild in Abtswind

Wehrhaft und streitbar, wie ihre Pfarrkirche, die einstens mit einer viertürmigen Mauer und einem Brückentor bewehrt war, gelten die Abtswinder, denen man wendisches, also slawisches Blut nachsagt, das noch auf die Slawensiedlungen Karls des Großen zurückgehen soll. In der Pfarrkirche von **Abtswind** finden wir einen wunderbaren Schnitzaltar mit Vesperbild aus der Hand des Marthameisters; der Gipskeuper mit seinen Myophorien- und Estherienschichten reicht am Altenberg bis zum Schilfsandstein hinauf und bringt würzige Silvaner, Scheureben und Müller-Thurgau-Weine hervor.

Prichsenstadt: Winzerhof Keßler, Peter Wanya

Storchen,
Goldener Adler

Abtswind: Staatlicher Hofkeller Würzburg
GWF Repperndorf, Thomas Behringer

Gasthaus zur Schwane

Seit 1528 bauen die mittlerweile gefürsteten Grafen von **Castell** auf ihren Besitzungen Wein an und dürfen sich mit Stolz als größter Privatwinzer Frankens mit rund 60 Hektar Rebfläche bezeichnen. Die alten Lagennamen Hohnart, Bausch oder Trautberg haben sich bis auf den heutigen Tag erhalten, während die Neuanlage Kugelspiel lange ein Stein des Anstoßes mit den Naturschützern war. Auf den alten renommierten Lagen gedeiht einer der besten Silvaner Frankens, daneben aber auch der gehaltvolle

Rieslaner und die Rotweinsorte Domina, während das Kugelspiel einen besonders spritzigen Müller-Thurgau hervorbringt. Vor der Verkostung im stilvollen »Weinstall« sollten wir der Pfarrkirche von 1784 die Ehre antun, in der Balthasar Neumanns Vermächtnis vom Spiel des Lichtes in einem schwerelosen Raum auf evangelisch nachklingt.

Die Casteller Pfarrkirche

Das alljährlich an zwei Wochenenden im Juli stattfindende Casteller Weinfest ist durch die Kulisse des fürstlichen Schloßparks eines der stimmungsvollsten Weinfeste Frankens.

Am Glockentürmchen des Wiesenbronner Rathauses schlagen stündlich ein Häcker und ein Bauer stumm mit Karst und Sense aufeinander ein und erzählen von den einstigen sozialen Spannungen der heute Verbündeten. Dank des Portugiesers am Wachhügel wurde **Wiesenbronn** zu einer der ersten fränkischen Rotweingemeinden. Mittlerweile hat sich dank Gerhard Roth auch der ökologische Weinbau in Wiesenbronn einen Namen gemacht.

Castell: Fürstlich Castell'sches Weingut

Weinstall

Gerhard Roth hat es fertiggebracht, dem ökologischen Weinbau das »Spinner-Image« zu nehmen; auch eingefleischte Öko-Gegner unter den Winzern werden nachdenklich, wenn er erzählt, daß neben einer vertretbaren Mehrarbeit im Weinberg vor allem ein Mehr-Denken, ein öfteres Nachschauen und ein tieferes Einfühlen in die Lebensgemeinschaft Weinberg vonnöten ist. Noch ein Verdienst Gerhard Roths ist das Bemühen um die mögliche Zukunfts-Rotweinrebe Frankens, den Blaufränkisch oder Lemberger.

Wiesenbronn: Gerhard Roth, Anton Hell, GWF Repperndorf

Schwarzer Adler, »Zur Becka«

Auf dem Weg zu den Filetstücken des Schwanbergs begegnet uns als Vorposten die uralte Siedlung **Großlangheim.** Nicht nur die Silvaner vom Kiliansberg erwarten uns hier, die aus weichem Lindenholz geschnitzten Riemenschneiderfiguren -die Heiligen Antonius, Jakobus, Laurentius und Anna Selbdritt- in der Antoniuskapelle sind allein schon den Abstecher wert.

Großlangheim: GWF Repperndorf, Günter Grebner

Nun öffnen sie sich, die heiligen Hallen des Keuperweines in der Gestalt von Rödelseer Küchenmeister und Schwanleite zu Füßen des sagenumwobenen Schwanbergs, von dem aus Hadeloga ihren Schleier fliegen ließ, um das Frauenkloster Kitzingen zu gründen, dem wiederum Kaiser Heinrich 1040 »Rotiense«, **Rödelsee** zum Geschenk machte.
Für die Qualität der Weinlagen spricht allein schon der erlauchte Besitzerkreis Hochstift Würzburg und Juliusspital, früher auch noch die Grafschaft Castell; im ehemaligen Crailsheim'schen Schloß kann die Genossenschaft heute über 15.000 hl Wein lagern. Das einstige Zehnthaus der Casteller Grafen ist leider auch als einstiges Gasthaus »Löwen« nur noch Geschichte. Die fruchtigen Gipskeuper-Silvaner, die zu den besten und darüber hinaus lagerfähigsten Weinen Frankens gezählt werden, lassen wir uns im »Gasthof Stegner« munden.

Rödelsee: Juliusspital Würzburg, Roland Hemberger, Michael Melber, Karl Weltner, Wolfgang Weltner, GWF Repperndorf

Gasthof Stegner

Ging's in Castell schon fürstlich zu, so wird es in **Iphofen** nun aus zwei Gründen königlich, denn zum einen stammte der Krönungswein der englischen Königin Elisabeth aus Iphofen und zum anderen gedeiht der König der Weine, der Riesling, am Julius-Echter-Berg wahrhaft königlich.

Für Iphofen sind vorneweg drei Tage einzuplanen, nicht nur um alle Schönheiten der aus zwei ummauerten Gevierten bestehenden Altstadt, einem domkapitelischen und einem einst hohenlohischen zu bewundern, sondern um die wunderbaren Weine vom Julius-Echter-Berg, Kronsberg, Kalb und Burgweg in den drei Wirtshäusern zu genießen, in denen man gewesen sein muß: in der behäbig bürgerlichen »Goldenen Krone« am Marktplatz neben der Prunkfassade des Greising-Rathauses, dem altväterlich noblen »Zehntkeller«, in dem schon Hans Pfitzner und Kurt Tucholsky nächtigten, und der »Iphöfer Kammer«, in der man einen absoluten Traumwein verkosten kann: eine Iphöfer Kalb Scheurebe aus dem Weingut Wirsching, die zum edelsten gehört, was ein Keuperboden hervorzubringen vermag. Eine Würdigung Iphofens wäre nicht vollkommen ohne eine kleine Laudatio auf das Weingut Hans Wirsching, das von jeher mit seiner hohen Qualität entscheidend zum guten internationalen Ruf des Frankenweins beigetragen hat. Beste Lagen, ein deutliches Bekenntnis zu den fränkischen Sorten Silvaner und Riesling und eine untadelige fränkisch-trockene Kellerwirtschaft sind Wirschings Markenzeichen.

Der Zehntkeller in Iphofen

Die erste Pionierleistung in Sachen Weinwerbung vollbrachte der verstorbene Senior des Hauses, Hans Wirsching, als er im Jahre 1920 gemeinsam mit dem Würzburger Juliusspital die Umbenennung des »Iphöfer Bergs« in »Iphöfer Julius-Echter-Berg« durchsetzte.

Iphofen: Hans Wirsching, Juliusspital Würzburg, Johann Ruck, Gebr. Müller, Heinrich Seufert, Ernst Popp, Andreas Emmerich

Zehntkeller, Goldene Krone, Iphöfer Kammer, Deutsches Haus, Zum Kronsberg

Unser Weg in den südlichen Steigerwald führt nun durch die sogenannte Hellmitzheimer Bucht nach Mönchsondheim mit einer der besterhaltenen Kirchenburgen Frankens. Mönchsondheim liegt an der sogenannten Straße der Wehrkirchen, die nicht nur ein guter touristischer Einfall ist, sondern das leidgeprüfte Ergebnis jahrhundertelanger Spannungen zwischen der Markgrafenschaft Ansbach-Brandenburg im Süden und dem Hochstift Würzburg im Norden.
Die nächste Kirchenburg in **Hüttenheim** beschützt wieder einen malerischen Weinort, der sich fachwerkheimelig an die Schulter seines Tannenbergs schmiegt. Die Kirchenburg wachte nicht nur über die Notunterkünfte für das ganze Dorf, sondern auch über das wichtigste Kapital der Winzer, die ausgedehnten Kelleranlagen des gesamten Dorfes, in dem bereits seit 1199 Weinbau nachgewiesen ist. Hüttenheim ist für seine fruchtigen Müller-Thurgau-Weine bekannt.

Hüttenheim: Günter Valentin, GWF Repperndorf

Landgasthof May

Die Grenzbastion zu Mittelfranken bildet nun, südwärts gesehen, der mächtige Bullenheimer Berg, dessen strategische Bedeutung schon die Kelten nutzten. Die aus gotischer Zeit stammende, der heiligen Kunigunde geweihte Kapellenruine steht neben einer alten Hochstraße.
Seinsheim an der nordwestlichen Flanke mit seinen weitbekannten Traminer-Weinen ist der letzte unterfränkische Weinort, um den Bergsporn herum liegt **Bullenheim** bereits voll auf mittelfränkischem Boden, der einstmals hohenlohisch, dann seinsheimisch und schließlich schwarzenbergisch war.
Unweit des fachwerkgeschmückten Rathauses finden wir im Weingut Kistner einen außergewöhnlichen Selbstvermarkter, dem die fränkische Geschichte gleichermaßen vertraut ist wie die Kunst des naturnahen Weinbaus und einer gepflegten Kellerwirtschaft.
Es ist ein Genuß für sich, von ihm bei seinen Weinproben ganz nebenbei die gesamte Geschichte der Häuser Seinsheim und Schwarzenberg zu erfahren, aber nicht etwa angelernt oder dozierend, sondern schlaglichtartig, schlückchenweise wie seine klassisch trocken ausgebauten Ortega-, Kerner- und Müller-Thurgau-Weine.
Vielleicht ist ein wenig vom Geist des Paulus von Seinsheim und zum Hohenlandsberg auf ihn übergesprungen; der Brieffreund Luthers und Tür-

kenkämpfer bewohnte das Herrenhaus, auf dessen Grundmauern das Kistnersche Weingut steht.

Seinsheim: GWF Repperndorf

Bullenheim: Werner Kistner, Günther Dürr, GWF Repperndorf

Winzerstube Dürr
Heckenwirtschaft Kistner (nur saisonal)

Spätgotischer Flügelaltar in der Pfarrkirche von Reusch am Fuße des Frankenberges

Der Ippesheimer Herrschaftsberg und der Frankenberger Herrschaftsberg zu Füßen des gleichnamigen Renaissance-Schlosses mit ihren in sonnigen Jahren sehr fülligen und vollfruchtigen Weinen begleiten uns zu einem kleinen kunstgeschichtlichen Juwel in der Kirche von **Reusch,** dem spätgotischen Schnitzaltar, der dem Nürnberger Michael Wolgemuth zugeschrieben wird. Die enge Verbundenheit der Bevölkerung mit dem Weinbau zeigt der rebenumwundene Fuß der Kanzel.

Ippesheim, Frankenberg: Schloß Frankenberg, Staatlicher Hofkeller Würzburg, Karl Schmitt

Schloßkeller Ippesheim

Der Weinbau im südlichen Steigerwald klingt so aus, wie er im Norden begonnen hat: mit deftigen, meist hausgemachten Literflaschenschoppen aus **Krassolzheim, Neundorf, Külsheim** und **Ipsheim.**
Einen selbstbewußten Schlußpunkt setzen die Müller-Thurgau-Weine vom **Weimersheimer** Roten Berg, die nach der Umlegung im Jahr des Jungfernweins auf Anhieb eine Goldmedaille bei der Fränkischen Weinprämierung erhielten.

Weimersheim: Erzeugergemeinschaft Steigerwald-Castell, GWF Repperndorf

Winzerstube

Ipsheim: Herbert Düll, Hans Strebel

Bad Windsheim: Storchen

Kunstgeschichtlich lassen wir den Südsteigerwald mit dem Kanzelaltar von Georg Brenck in **Westheim** und der malerischen Kirchenburg **Burgbernheim** enden.
Für den Rückweg unserer erdigen Tour der Sinnenfreude halten sich nochmals zwei ummauerte Städtchen bereit, das Fachwerkjuwel **Mainbernheim** mit dem altfränkischen Wirtshaus »Zum Falken« und das einstmals schwarzenbergische Handelsstädtchen **Marktbreit** mit seinem

Kirchenburg Burgbernheim

Mainbernheim: Zum Falken

Marktbreit: Zum Löwen

Malerwinkel und der uralten Herberge »Zum Löwen«: Hier können wir zu einem Silvaner vom Bullenheimer Paradies oder einem Traminer vom Seinsheimer Hohenbühl das Keupererlebnis mit einem Gedicht von Martin Jäger nachwirken lassen:

Der Nußbaum glänzt mit allen tausend Blättern.
Es fällt herab ein Blatt mir in den Wein.
Die Luft ist dumpf. Es riecht nach Blitz und Wettern.
Das Blatt fährt wie ein Schifflein auf dem Wein.
Ein zartes Donnern. Drüben. Überm Fluß.
Das grüne Blatt, ich hob es aus dem Wein.
Der schmeckt ein wenig bitter nun nach Nuß.
Ein wenig Bittres darf in allem sein.
Im Wort des Freundes, und im Liebeskuß –
Warum nicht auch im Wein?

Martin Jäger

Vom Volkacher Kirchberg zum Randersackerer Pfülben

Symphonie in Silvaner und Spargel

Zunächst gilt es, in Geschichte zu baden und in Erinnerungen zu schwelgen an die mächtigen Markgrafen von Schweinfurt, die einstige Freie Reichsstadt **Schweinfurt** und ihre blühende humanistische Schule, aus der Gustav Adolf von Schweden die erste evangelische Universität machen wollte.

Weinbau gab es in Schweinfurt schon zur Merowingerzeit, und allein für die Aufbewahrung des Schweinfurter Weinzehnten erbaute das Würzburger Stift Haug um 1300 ein eigenes Zehnthaus. Aus den Protokollen der verschiedenen Stadttore aus dem Jahr 1760 geht hervor, daß zur Weinlesezeit insgesamt 2.740 Fuhren Trauben die Stadtgrenze passierten. Geheimrat Goethe bezog seinen Frankenwein dreißig Jahre lang über die Schweinfurter Weinhandelsfirma Gebrüder Will.

Von den einst 260 Hektar Muschelkalk-Weinbergen zwischen Peterstirn und Mainleite sind heutzutage gerade noch vier Hektar übriggeblieben, die überdies in diffusen Handelskanälen versickern, genauso wie der einst so berühmte Mainberger Schloßberg zu Füßen des historisierenden Schlosses.

Genießen wir also das Renaissance-Rathaus am Markt, die alte Lateinschule, das Zeughaus und die Johanniskirche mit dem schönen, noch romanischen Portal und danach eine urige Schweinfurter Schlachtschlüssel vom Holzbrett und schlürfen dazu Weingeschichte.

Schweinfurt: Weinstube Gößwein
Schloß Mainberg (nur auf Vorbestellung, Schweinfurter Schlachtschüssel auf Wunsch)

Lassen wir uns ein wenig mainabwärts treiben und bleiben wir noch in der Blütezeit des Humanismus: Der zu den Schweinfurter Humanisten zählende Konrad Celtis, nach seinen eigenen Worten ein »beharrlicher

Liebhaber der Sonne, der Wälder, der Berge, der Wanderfahrten, der Bäder und der Gastmähler«, erblickte 1459 im Häckerdorf **Wipfeld** das Licht der Welt.
Die knapp 70 Hektar Weinberge umrahmen das Dorf wie dieses seinen urwüchsigen Marktplatz mit dem Treppengiebel-Rathaus von 1566. Den kräftigen Wipfelder Müller-Thurgau verkosten wir im »Zehntgraf«, bevor wir uns stilvoll mit der Mainfähre auf den Weg in ein kleines Märchen unserer Tage machen, sofern wir Lust für einen oder zwei Tage »Schloßherr auf Zeit« haben.

Wipfeld: Hans Lother, GWF Repperndorf

Zehntgraf

Marina von Halem, liebenswerte Nachfahrin im Besitz des Philipp Gaston Wolf von Wolfsthal, der das frühbarocke Schloß **Zeilitzheim** nach Plänen des Würzburger Hofbaumeisters Antonio Petrini 1680 aufführen ließ, ermöglicht uns diesen Traum, einfach so als Besucher der individuellen Gästezimmer und Ferienwohnungen oder auch anläßlich einer der zahlreichen kulturellen Veranstaltungen, sei es nun ein Kurs in Porzellanmalerei, eine »Italienische Nacht« mit Menue, Musik und Spiel oder eines der intimen Schloßkonzerte.
Auf Wunsch gibt es auch eine komplette Bewirtung, und für den unverhofften Durchreisenden hat die Schloßküche immer ein schmackhaftes Tagesgericht vorrätig.
Dazu trinkt man Zeilitzheimer Müller-Thurgau vom Heiligenberg oder, noch standesgemäßer, einen gräflich Schönborn'schen Silvaner vom nahen Gaibacher Schloßpark, der so kühl und naturrein ist wie die Gaibacher Schloßkirche Balthasar Neumanns.

Zeilitzheim: Gräflich Schönborn'sche Domänenverwaltung Wiesentheid

Schloß Zeilitzheim (auf Vorbestellung)

Dieses erste Kapitel Muschelkalkwein hat einen sandigen Kontrapunkt, die tertiären Flugsandfelder im Bereich der Volkacher Mainschleife, die uns die fünfte fränkische Jahreszeit, die Spargelzeit, von irgendwann im April bis Johanni beschert haben.

Wie es sich für exklusive Festspiele gehört, erklingt die Symphonie aus unserer Überschrift daher nur zeitlich begrenzt. So begnügen wir uns die restliche Zeit des Jahres mit einem Silvaner-Kammerkonzert und stellen ihm ein atemberaubend schönes Kunstwerk zur Seite: Tilman Riemenschneiders Madonna im Rosenkranz im kleinen Kirchlein **Maria im Weingarten** auf dem Volkacher Kirchberg. Die abgeklärte Güte dieses Madonnenbildes ist das letzte Holzschnitzwerk des reifen Meisters vor den unglücklichen Ereignissen des Bauernkrieges.

Volkach selbst wurde schon von den Grafen von Castell im 13. Jahrhundert ummauert, das Stadtbild prägte jedoch deren Nachfolger, das Würzburger Hochstift mit gotischer Stadtpfarrkirche, Renaissance-Rathaus und Amtsgericht nebst Zehnthof aus der Barockzeit. Die bürgerliche Weinhändlerwohlhabenheit spiegelt sich im barocken Schelfenhaus, dem heutigen Heimatmuseum. Den echten Volkacher Kirchberg Silvaner aus der alten Einzellage serviert uns Josef Pfaff in der »Schwane«, die bereits seit

Maria im Weingarten bei Volkach

1430 besteht und in der es sich schon die Fürstbischöfe Lorenz von Bibra und Melchior Zobel von Giebelstadt munden ließen.

Volkach: Josef Pfaff II., Max Müller, Hermann Dumbsky

Zur Schwane

Unsere Frankenweinreise ist ja wegen der mannigfaltigen Promille-Erlebnisse denkbar autoungeeignet, aber für das nächste Silvaner-Erlebnis könnte man sich als Gefährt doch am besten einen Morgan vorstellen, um dann bei einem der weitbekannten sommersonntäglichen Jazzfrühschoppen auf der **Hallburg** standesgemäß vorzurollen und den Gaibacher Schloßpark Silvaner oder den Hallburger Schloßberg Silvaner gut gekühlt zu heißer Dixiemusik auf der Zunge prickeln zu lassen. Beide Weinberge sind wie die Hallburg im Besitz der Grafen von Schönborn, die sich dem ökologischen Weinbau nebst einer freiwilligen Mengenbeschränkung verschrieben haben.

Gräflich Schönborn'sche Domänenverwaltung Wiesentheid

Hallburg

Sonntäglicher Jazz auf der Hallburg

Die »Oardemer«, wie sich die **Nordheim**er selbst bezeichnen, sind seit 1306 dem Kloster Münsterschwarzach zehntpflichtig; sie sind ein besonders fleißiger Schlag und wurden sogar als die »Preußen Frankens« apostrophiert, wie uns Altwinzer Ignaz Bunzelt erzählt, der nahezu für jeden fränkischen Weinort eine lustige oder hin-

tergründige Geschichte parat hat, auch für die konkurrierenden Escherndorfer, von denen es früher hieß (natürlich nur in Nordheim), »dara ihrn Trinkwei kost auf'm Fadarölla aufzieh« (ihren Trinkwein kannst du auf der Fadenrolle aufziehen).
Der Weinpanscher-Prozeß hat seinerzeit den Weinbau in Nordheim fast zum Erliegen gebracht; die Nordheimer wurden nur noch als »Wasserhüeli« (Wasserhühnchen) verlacht und konnten sich nur über die Großlage Volkacher Kirchberg im Markt halten. Mittlerweile haben sie sich jedoch wieder einen untadeligen Ruf erarbeitet und sind in Zusammenarbeit mit dem Landwirtschaftsamt Kitzingen sogar führend im Früherkennen von Schadsituationen bei der Rebe und in entsprechend schnellen, behutsamen und möglichst naturnahen Bekämpfungsverfahren.
Nordheimer Weine probiert man stilecht im »Zehnthof«, der zur Spargelzeit die weit und breit besten mehligen Kartoffeln serviert.

Nordheim:

Ignaz und Hans Bunzelt, Siegfried Glaser, Roman Schneider, Herbert und Manfred Braun, Waldemar Braun, Winzergenossenschaft Nordheim

Zehnthof

Ein geruhsamer Abstecher per Fähre empfiehlt sich hinüber nach Escherndorf, dessen Weine aus den Lagen Eulengrube, am Lumpen und Fürstenberg bereits 1685 zu den fränkischen Spitzenlagen gezählt wurden. Der Escherndorfer »Bergwein« schmeckte auch schon Geheimrat Goethe. Wir sollten den Lump

Zufahrt durch die Weinberge nach Escherndorf, im Hintergrund die Weinbaugemeinde Nordheim

Christus als »Kreuzschlepper« am Weg zur Vogelsburg

unserer Tage als Silvaner in der »Mainaussicht«, im Volksmund besser bekannt als »Gifthütte«, zu gebackenem Kalbskopf oder Waller im Wurzelsud erleben.
Der Lump, der seinen Namen von einem kleinen Stückchen, also einem Lumpen, herleitet, umfaßte ursprünglich exakt 0,616 Hektar. Er ist zwar mittlerweile auf 37,5 Hektar gewachsen, ist aber immer noch das Escherndorfer Filetstück der Steillagen. In ihm ist die gesamte legendäre Eulengrube aufgegangen.
Sauer bedeutet heutzutage in **Escherndorf** Spitzenweine und dies nicht etwa als neuer Begriff für fränkisch-trocken, sondern lustigerweise als Weingutsname. Horst Sauer und Rainer Sauer zählen zu der jungen Escherndorfer Winzergeneration, die dank ihrer brillanten Kellertechnik den Escherndorfer Lump wieder in die erste Reihe nicht nur der fränkischen, sondern auch der deutschen Spitzenweine gerückt haben.
Escherndorfer Riesling oder Silvaner, das ist eine Fruchtigkeit, die man über die Zunge gesaugt haben muß, um mitreden zu können.
Ein kleiner Spruch aus Horst Sauers Betriebsbeschreibung paßt sehr gut dazu: »Manche Töchter erben Titel und manche ein ganzes Vermögen. Meiner Tochter verrate ich einfach das Geheimnis unserer Spitzenweine«. Rainer Sauer bereitet uns alljährlich im März und April den Genuß seiner Heckenwirtschaft, die von den Idealberufen der beiden Großväter aus der Familie lebt: Der eine ist Fischer und sorgt für die täglich frischen Meefischli; der andere ist als Metzger für die Bratwürste und Blauen Zipfel zuständig.

Escherndorf: Horst Sauer, Rainer Sauer, Paul Sauer, Egon Schäffer, Michael Fröhlich, GWF Repperndorf

Mainaussicht, Krone, Engel,
Heckenwirtschaft Rainer Sauer
(März und April jeweils am Wochenende)

Wir tun es dem Main gleich und drücken uns noch ein wenig in der Mainschleife herum, weil es gar so schön ist: außerdem sollte man die kleine Fußwallfahrt zur **Vogelsburg** nicht nur wegen des herrlichen Ausblicks und des guten Schoppens der Augustinus-Schwestern machen, sondern um einen der schönsten Bildstöcke Mainfrankens, den Kreuzschlepper oberhalb der »Mainaussicht« zu erleben.

Vogelsburg: Augustinus-Schwestern Vogelsburg

Gasthaus zur Vogelsburg

Zwei Silvaner von der Mainschleife warten nun noch auf uns, der Astheimer Kartäuser und die Obereisenheimer Höll; sie bieten uns zu gepflegter Gastronomie ein außergewöhnliches Renaissance-Erlebnis, nämlich das Chorgestühl in der ehemaligen Klosterkirche der Kartäuser von **Astheim** und die Kassettendecke in der evangelischen Pfarrkirche von **Obereisenheim.** Die Karthause steht nach aufwendiger Restauration jetzt wieder den Besuchern offen. Haupteinnahmequelle der Kartäuser-Mönche von Astheim war immer der Weinbau an den Hängen der Mainschleife. Die Arbeit in den Weinbergen aber mußten die Bauern aus der Umgebung als Frondienst leisten. Nicht selten begehrten sie dagegen auf, was im Jahre 1695 dazu führte, daß 70 Winzer in Ketten nach Würzburg abgeführt wurden, wo sie schwere Schanzarbeiten durchführen mußten. Im darauffolgenden Jahr rächten sich diese, indem sie beim Rebschnitt die Klosterweinberge so übel zurichteten, daß die Fässer der Mönche leer blieben. An die Mönche erinnert die ehemalige Klosterkirche, geblieben ist der Wein.

Astheim: Juliusspital Würzburg

Zum Schwanen

Eisenheim: GWF Repperndorf

Obereisenheim: Rose

Bei Untereisenheim

Nun heißt es auf ins Spargelmekka **Sommerach,** das einst auf vier Grundherrschaften verteilt war und neben Resten der Befestigung vier stattliche Zehnthöfe vorweisen kann. Die Spargelhochburg ist Edmund Strobels »Weißes Lamm«, das in der spargellosen Zeit für delikate Freilandgöger,

Blaue Zipfel und angebratenes Ripple bekannt ist ... dazu einen Sommeracher Katzenkopf Silvaner, Riesling oder Traminer oder die Spezialität des Hauses, den Sommeracher Engelberg Müller-Thurgau, der am besten schmeckt, wenn 1860 München gewonnen hat (Fragen Sie den Wirt!).

Sommerach: Winzergenossenschaft Sommerach,
Edmund Strobel, Alfred Mäuser, Otmar Zang,
Karl und Josef Streng

Weißes Lamm

Vermutlich bewachte schon um 740 ein fränkischer Königshof den Bergsporn oberhalb von **Dettelbach** an der alten Handelsstraße vom Donauraum nach Flandern. Geharnischt und mit Stadtrechten versehen wurde Dettelbach 1484 unter dem berühmten Würzburger Fürstbischof Rudolf von Scherenberg. Wenig später entstand das herrliche Renaissance-Rathaus mit seiner doppelten Freitreppe. Ziel der vielen Wallfahrten nach Dettelbach ist nicht die Pfarrkirche mit ihren unverwechselbaren, durch eine Holzbrücke miteinander verbundenen Doppeltürmen, sondern die vor den Stadttoren liegende Wallfahrtskirche Maria im Sand.
Würzig, wie das spezielle Wallfahrer-Gebäck Dettelbachs, die Muskazinen, schmecken auch die Silvaner- und Müller-Thurgau-Weine vom Berg-Rondell, der Sonnenleite und vom Honigberg. Serviert werden sie uns

Traubengeschmückte »Viersäulenmarter«. Bildstock von 1700 bei Sommerach

bodenständig-bürgerlich im »Grünen Baum« und mit viel Gourmetkreativität im Restaurant »Himmelstoß«.

Dettelbach: Juliusspital Würzburg, Hans Himmelstoß,

Grüner Baum, Restaurant Himmelstoß

Neuses a.B.: Ottmar Reinhardt

Daß die **Mainstockheimer** in ihrer Lage Hofstück noch immer den Silvaner bevorzugen, läßt sich leicht aus der Besitzgeschichte erklären, war doch das Zisterzienserkloster Ebrach seit dem 12. Jahrhundert hier begütert und zehntberechtigt und kassierte allein im Jahr 1562 über 29 000 Liter Weinzehnten. Abt Johannes Dressel, Vorgänger des Silvaner-Abtes Alberich Degen, ließ 1624 den wundervollen schloßähnlichen Ebracher Hof aufführen.

Mainstockheim: Karl Burrlein

Goldener Löwe

Bevor wir der Weinhändlerstadt **Kitzingen** unseren Besuch abstatten, ist ein Leckerbissen geistiger Natur angesagt: Balthasar Neumanns kühle Architekturschönheit zum hl. Kreuz im Kitzinger Ortsteil Etwashausen, in der er eine seiner zahlreichen Varianten zum Rundbau, hier unter der Vierungskuppel zwischen den Ovalen von Chor und Langhaus vorführt. »Stadt der hundert Weinhändler« nannte sich Kitzingen um die Jahrhundertwende stolz, und Gustav von Heeringen formulierte es so: »Überall erheben sich große, elegante Häuser mit Comptoirs, Kaufleute mit London-Mienen sitzen darin, und der junge Dandy der Handelswelt ist in solcher Anzahl vorhanden, daß man glauben könnte, wenigstens in Frankfurt zu sein«.
Nun, der Weinhändler sind mittlerweile nicht einmal mehr zehn, sie wurden im Dritten Reich erbarmungslos gezehntet, da viele jüdischen Glaubens waren, und nach dem Krieg mußten sie den Genossenschaften nochmals Tribut zollen.
So ist es fast eine Ironie des Schicksals, daß die allgewaltige Gebietswinzergenossenschaft Franken, kurz die GWF, ihren Sitz im Kitzinger Ortsteil Repperndorf hat.

Dettelbach mit Pfarrkirche

Dennoch: Die Kitzinger Äbtissin Hadeloga oder Adelheid trug dazu bei, die Weinbautradition in Franken überhaupt erst einmal zu begründen. Der Keller unter dem Landratsamt - der einstige Klosterkeller - gilt als der älteste Weinkeller Deutschlands, man müßte ihn allerdings unter den Mauern des derzeit genutzten Kellers suchen. Der lustige Falterturm soll deshalb schiefhelmig sein, weil zur Zeit seiner Erbauung (1489-1496) das Wasser zuweilen knapp, der Wein dafür um so reichlicher geflossen sein soll, und die Maurer mit Wein mörtelten und logischerweise auch den Durst löschen mußten.

Kitzingen: GWF Kitzingen - Repperndorf, Bernhard Völker

Esbachhof

Einer der Türme, die das schöne altfränkische Ortsbild von Sulzfeld ausmachen

Einer der schönsten »geharnischten Zwerge« erwartet uns nun: **Sulzfeld.** Karlheinz Deschner nennt es die schönste fränkische Perle mit Stallgeruch und schwärmt von den Gassen, die gleich Sturzbächen von allen Seiten zur Mitte hinunterströmen und den schwingenden Dachfirsten und Breitseiten, die aufeinander zu und ineinander wogenden Meereswellen gleichen. Den Sulzfelder Mausthal oder Cyriakusberg verkosten wir am besten als Silvaner oder Müller-Thurgau zur berühmten Meterbratwurst im »Stern« oder in dem mit viel denkmalpflegerischen Fingerspitzengefühl restaurierten »Papiushof«. Kenner verweisen beim Sulzfelder Wein auf den leichten Duft von Weidenbüschen, die dann auch auf unserem Weiterweg nach Frickenhausen, von Waldreben behangen, aufs anmutigste Straße und Mainufer säumen.

Sulzfeld: Theo Luckert, Martin Brennfleck, GWF Repperndorf

Stern, Papiushof

Die **Frickenhäuser** Weinberge waren schon in salischer Zeit berühmt und sind daher bereits ab 903 im Besitz des Hochstifts Würzburg nachgewiesen. Die aus gutem Weinwuchs entstandene Wohlhabenheit dokumentiert sich im gotischen Rathaus mit der maßwerkverzierten Freitreppe, der Mariensäule von 1710 und dem wunderbaren Renaissancealtar von Georg Brenck in der Pfarrkirche St. Gallus. Den Frickenhäuser Kapellenberg oder Fischer Silvaner, der sich eines sehr guten Rufes erfreut, probieren wir am besten zur berühmten Mostsuppe in der »Fränkischen Weinstube«.

Frickenhausen: Raimund und Carmen Bickel-Stumpf,
Götz Meintzinger, GWF Repperndorf

Fränkische Weinstube, Zur Weinkönigin

Das Künstlerstädtchen **Sommerhausen,** nahezu weltbekannt durch sein Torturmtheater, seinen berühmtesten Sohn Franz David Pastorius, den Gründer des Stadtteiles Germantown im amerikanischen Philadelphia, und mittlerweile auch durch einen der stimmungsvollsten Weihnachtsmärkte Frankens, erwartet uns nun mit den Sommerhäuser Lagen Reifenstein, Steinbach und Ölspiel, die insbesondere für ihre Scheureben bekannt sind. Eine besondere Sommerhäuser Spezialität sind die Frankensekte der Kellerei Gebhardt, die wir neben den Sommerhäuser Weinen im »Ritter Jörg« und im »Weinhaus Düll« serviert bekommen.

Sommerhausen: Christoph Steinmann, Schloß Sommerhausen,
Artur Steinmann, Hermann Konrad,
Wein- und Sektkellerei Gebhardt

Ritter Jörg, Weinhaus Düll, Weinstube Unkel,
Restaurant von Dungern,
Gasthaus Schwarzer Adler im Nachbarort Erlach

Auch in **Eibelstadt** erwuchs Wohlhabenheit aus Weinbau, die sich im prächtigen Barock-Rathaus von Peter Zwerger und der wundervollen Sebastiansstatue des uns schon bekannten Johann Peter Wagner auf dem Heumarkt zeigt. Den Eibelstädter Kapellenberg, Steinbach und insbesondere die Mönchsleite haben wiederum die Scheureben bekannt gemacht. Probieren sollten wir sie in der »Krone« bei Tafelspitz und Kerzenlicht oder im herrlichen kastanienbeschützten Weingarten.
Ein über Jahrzehnte währender Wein-Streit entzweite einstens die Gemeinden Eibelstadt und Randersacker: In der Lindelbacher Weinlage Dabug haben seit urdenklichen Zeiten Lindelbach, Randersacker und Eibelstadt Besitz. Die Randersackerer hatten vom Fürstbischof das Recht, von auswärtigen Grundbesitzern eine Abgabe, die »Beth«, zu fordern. Ausgenommen war der Eibelstädter Besitz am Dabug. Als jedoch 1545 die Gemeindekasse von Randersacker leer war, wollte man auch davon nichts

mehr wissen, und es entbrannte ein Streit, der bisweilen sogar mit Waffengewalt geführt wurde und erst 1649, vierundachtzig Jahre später, mit der endgültig verbrieften und sogar versteinten Steuerfreiheit der Eibelstädter endete.
Eine weitere Geschichte aus den Eibelstädter Weinbergen erheitert noch heute unter der Überschrift »Würzburger Lügensteine« nicht nur ganz Franken und Würzburg, sondern die gesamte geologische Fachwelt: Medizinalrat Behringer, der Leibarzt des Würzburger Fürstbischofs Christoph von Hutten, fand Anfang des 18. Jahrhunderts in den Eibelstädter Weinbergen plötzlich eine Unmenge von Versteinerungen seltenster Art, die er als Hobby-Geologe in einem wissenschaftlichen Werk eingehend beschrieb und würdigte. Allerdings handelte es sich dabei um geschickte Fälschungen, von denen man bis vor kurzem glaubte, sie seien ihm von mißgünstigen Kollegen oder Studenten, die seiner Frau den Hof machten, untergeschoben worden.
Der Würzburger Geologe Erwin Rutte hat mittlerweile jedoch mit nahezu kriminalistischen Recherchen nachgewiesen, daß Behringer an der Lügengeschichte selbst entscheidend mitmischte und mit der hochnäsigen Tafelgesellschaft bei Hof samt dem Fürstbischof seinen akademischen Schabernack trieb.

Eibelstadt:

Karl Dieter Hures (Thomashof), Max Markert,
Walter Leininger, Leo Sauer,
GWF Repperndorf

Krone

Letzte Station unseres ersten Kapitels vom Muschelkalkwein ist der Würzburger »Vergnügungsvorort« **Randersacker** mit seinen weithin bekannten Silvanern, aber auch Rieslingen und Rieslanern, insbesondere von der Renommierlage Pfülben, die zu einem Großteil im Besitz der drei großen Würzburger Weingüter Hofkeller, Juliusspital und Bürgerspital ist.
Der Spaziergang nach Randersacker mit anschließendem »Schoppenpfetzen« ist eine der beliebtesten Wochenendbeschäftigungen der Würzburger, weshalb es unzählige Wirtshäuser und Weinstuben gibt und dazu den sogenannten »Säuferbus«, der zu nachtschlafender Zeit noch eine gnädige Rückfahrt nach Würzburg veranstaltet.
Schon Ludwig Braunfels schrieb in seiner Reisebeschreibung »Der Main« Mitte des vorigen Jahrhunderts von den Randersackerern, »die ihre langen

Arme nach den Börsen der vergnügungssüchtigen Würzburger nicht vergeblich ausstrecken«.

Randersacker: Schmitts Kinder, Richard Schmitt, Robert Schmitt, Paul Schmitt, Armin Störrlein, Klaus Arnold, Martin Göbel, Winzergenossenschaft Randersacker

Bären, Spielberg, Teufelskeller, Weinstube König, Weinstube Körner; Grüne Linde im Ortsteil Lindelbach

Unter den medaillengekrönten Randersackerer Selbstvermarktern leuchtet quasi als intellektuell geschliffener Edelstein Karl Schmitt, das derzeit amtierende Kind des Weingutes Schmitts Kinder, heraus, der seine Silvaner, Rieslinge und vor allem die Rieslaner vom Pfülben klassisch reduktiv, aber doch ungemein sortenbetont kultiviert.

Der Weinort Randersacker, vom Kapellenberg aus gesehen

Die Bildtafel am Zehnthof in Randersacker gibt Auskunft über die Weinernte und die Weinpreise im Jahre 1624

Die Wirtshausinstitution ist der »Spielberg«, ständig voll besetzt und besonders bekannt für das lange Ofenrohr in der Wirtsstube und das gebratene Tatar.

Auserwählt

Was meinen die Klugen vom Wein?
Man lasse mit ihm sich nicht ein?
Laß sie schwatzen!
Gehäckseltes Stroh gib dem Langohr vor,
und Milchbrei den Katzen!

Doch *wir* sind von anderer Art,
Das Gold des Weins ist für uns bewahrt,
Ist ein Schlüssel mit krausem Bart,
Um aufzusperren das himmlische Tor,
An Wolkentischen zu zechen,
Mit Göttern vertraulich zu sprechen.

Georg Britting

Würzburg

Spitäler, Bäcken, Kiliansdom und Residenz

Ob es fränkische Geschichte ist oder fränkische Weinbaugeschichte, immer ist Würzburg das Brennglas, das die Sache auf den Punkt bringt. Am Fuße des Schalksberges, der Reblage, die sich dem Würzburger Stein nach Osten anschließt, fand man 1976 die Spuren des ersten Würzburgers, dessen Steinbeil in die Altsteinzeit um 800 000 v. Chr. datiert wird. Das Dichterwort Max Dauthendeys, der Würzburg ein Gemisch aus Weihrauch und Wein nennt, bekam dadurch eine neue Dimension.
Um 500 v. Chr. scheint sich ein keltischer Fürst auf der Fliehburg oberhalb des Flusses bereits den Luxus griechischen Geschirrs geleistet zu haben, und der Geograph von Ravenna nannte um 450 n.Chr. als eine der zwei ihm bekannten Siedlungen des alemannischen Nordgaus Uburzis – Würzburg.
Die eigentliche Wurzel Würzburgs ist jedoch eine thüringisch-fränkische, denn zur christlichen Kultstätte wurde Würzburg nach dem Missionarsmord an Kilian, Kolonat und Totnan, und die Wirtschaftskraft kam durch die fränkischen Hausmeiersöhne Pippin und Karlmann, die der Salvatorkirche des ersten Würzburger Bischofs Burkard die Einnahmen aus 26 Königshöfen zuschrieben.
Karl der Große machte Würzburg zum Zentrum seiner Ostpolitik, indem er die Würzburger Bischöfe zugleich zu Bischöfen seiner Sachsenmission Paderborn ernannte.
Die älteste ummauerte Stadt entstand aus vier Kristallisationspunkten: der Marienkirche auf dem Festungsberg, der linksmainischen Fischersiedlung um St. Andreas (später St. Burkard) und der rechtsmainischen jenseits der Furt durch den Main, sowie dem Königshof beim Neumünster. Die Stadtmauer hatte bezeichnenderweise die Form einer Mitra, die von der Festung Balthasar Neumanns zu Beginn des 18. Jahrhunderts konzentrisch und zackig-abweisend nachgezeichnet wurde.
Nach der »Entfestigung« im Jahre 1866 wurde der Bischofshut wieder grün: auf dem Riß der geschleiften Festungsmauern entstand als Gratisgeschenk für Würzburg der große Ringpark, der noch heute die grüne Lunge der Stadt darstellt und bei der grausamen Bombardierung am

16. März 1945 vielen Würzburgern zum Lebensretter vor dem glühenden Flammeninferno wurde.
Max Dauthendeys Liebeserklärung an Würzburg ist eine der schönsten: »Als Professor Röntgen hier im Physikalischen Institut die X-Strahlen entdeckte und ein neues, den Menschenkörper durchdringendes Licht den Augen sichtbar machte, war ich noch ein junger Mann und schrieb eben an meinem Buch »Ultraviolett«. Und ich sagte mir später oftmals: in keiner andern Stadt, nur in Würzburg, konnten die X-Strahlen entdeckt werden. Nur hier kommt geheimes Licht den Menschen so nah wie selten wieder auf einem Punkt der Erde. Das Würzburger Licht, das an den sonnigen Tagen von den Bergen wie eine blaue Elektrizität rund um die Stadt in den Himmel scheint, kommt mir immer vor wie aus einem Jubel gebo-

Die Festung Marienberg in Würzburg mit der Weinbergslage Innere Leiste und dem Maschikuliturm

ren. Ist es die Stellung der Hügel, die wie Brennspiegel verteilt am Mainufer nach Süden gerichtet stehen? Oder ist es der lange flüssige Spiegel des Mains selbst, der das gewundene Maintal aufhellt, so daß es scheint, als flösse zwischen den Hügeln ein weißes Feuer, das, mit der Sonne vereint, die Weinbeeren an den Geländen kocht? Aber auch ohne an den Wein hier zu rühren, finde ich jede Stunde in dieser Stadt berauschend ...«.
Heinrich von Kleist schrieb über Würzburg: »In der Tiefe, sagte ich, liegt die Stadt, wie in der Mitte eines Amphitheaters. Die Terrassen der umschließenden Berge dienten statt der Logen ...«. Die Akteure in diesem Theater sind die Stadt und ihre Bürger, die Zuschauer jedoch die Rebhänge und ihre Weinstöcke, die zu Ende des 18. Jahrhunderts noch fast alle Steillagen um Würzburg fest im Griff hatten, wie die Karte aus »Die Geschichte des Weinbaus in Würzburg im Mittelalter und in der Neuzeit bis 1800« von Werner Lutz eindringlich beweist.
Johann Michael Mercellianus zur Westen promovierte 1728 an der medizinischen Fakultät der Universität Würzburg zum Thema: »Montes Franconiae praesertim circa Wirzeburgum in vitibus ac vino nobili uti pretio sic salubri fertilissimi« zu deutsch: »Die Berge Frankens, in Sonderheit um Würzburg, überreich an Wert und Heilkraft durch ihre Reben und vornehmen Wein« und setzte den Würzburger Weinlagen mit dem nachfolgenden Gedicht ein Denkmal:

Dich schöner Schloß-Berg zu der Leisten
Blickt an die frühe Sonn am meisten
Und deine Felsen vester Stein
Erleucht sie biß zum Abend-Schein
Darum ist so kostbar eurer Safft
Der vielen giebt ein Hertzens Krafft.
Wahr ist auch daß der Berg g'nannt
Neu Am Lager gar fuertrefflich sey;
Wie sey geacht das Hohe-Buch
Den Preiß an dessen Nahm man such;
Fuertrefflich ist der Teuffels-Keller
Umb seiner Guet bleibt nicht in Eller;
Am Pfülb am Schalks-Berg und zur Linden
man gewiß was Gutes finden
Der Pfaffen-Berg und Heinrichs-Leiden
Mit vielen umb die Güte streiten.
Der Oelberg und zum Roß genannt

Seynd untern Guten auch bekannt
Die Mayn-Leid und der Obre Spittl
Die halten auch in der Güt das Mittl
Die Bogen Weinberg und zur Klingen
Gesund, und gute Wein thun bringen;
Wie das Graß seye und der Sand
Wird an ihr'n Wein gar wohl erkannt;
Das Süncklein, Harpff, und Nunn zugleich
Mit Wein gar viele machen reich.
Kirch- und Krambühl, der Hännser auch
Versagen nicht des Weinstocks Brauch.
An Zahl gar viel Sommer leyden
Nicht lassen setzen sich auf Seiten;
Ja was nur Berg und eben ist
Hier überall mit Reeb-Safft fliest.

Dem ist nicht mehr viel hinzuzufügen, nur vielleicht noch Geheimrat Goethe zum Stein: »Sende mir noch einige Würzburger; denn kein anderer Wein will mir schmecken und ich bin verdrießlich, wenn mir mein gewohnter Lieblingstrunk abgeht«.

Die früher beinahe noch höher geschätzte Innere Leiste beschreibt F. Menckh in seiner »Reisebeschreibung der Mainlande« 1846 folgendermaßen: »Nur klein ist der Bezirk, kaum 84 Würzburger Morgen groß, aber würde auch die Strecke mit Kronentalern bedeckt, so wäre doch ihr Wert noch nicht bezahlt. Der hochberühmte Leistenwein nimmt nach dem Johannisberger die erste Stelle ein, ja er ist schon oft siegreich mit ihm in die Schranken getreten. Er hat eine Blume, eine Zartheit und Feuer dabei, die vereint das Köstlichste bilden, was man sich nur denken kann. Leider kommt

Blick auf die Kirche St. Burkard und die Stadt Würzburg vom Schloßberg aus

Das Weinfest des Staatlichen Hofkellers im Hofgarten der Würzburger Residenz

uns armen Schluckern nur selten etwas davon in den Becher, da die Leiste königliches Kammergut ist und die wenigen Flaschen, die zuweilen ins Publikum gelangen, außerordentlich hoch im Preise stehen. Der eigentliche Leistenwein wächst auf der südlichen Abdachung des Schlosses. Sein Ruf ist kaum 150 Jahre.alt; denn erst um diese Zeit wurden die ersten Anlagen gemacht. Mehr noch fast die Kunst als die Natur haben der Leiste ihre so schätzbare Produktivität verliehen. Ein italisches Klima scheint an ihren Abhängen vorzuherrschen. Wenn ringsum Sturm und Winde tosen, so herrscht hier Stille und die Sonne sendet warme Strahlen herab. Wenn allerorten die Rebe noch grün ist, so hat sie hier schon die Sonne reifgekocht.«

Für den hervorragenden Ruf der Würzburger Weine und einen stetig hochqualifizierten Ausbau garantieren die »Großen Drei«: der Staatliche Hofkeller, das Bürgerspital und das Juliusspital.

Der Staatliche Hofkeller mit seinem berühmten Keller unter Balthasar Neumanns fürstbischöflicher Residenz ist als bayerischer Staatsbetrieb erst seit 1814 existent, geschichtlich wohl aber noch gute 100 Jahre älter

als das Bürgerspital, dessen Stiftung auf das Jahr 1319 zurückgeht. Der Staatliche Hofkeller ist das größte Weingut Frankens und zugleich das zweitgrößte in Deutschland. Der Rebbesitz des Hofkellers erstreckt sich über ganz Franken von Handthal über Würzburg bis nach Hörstein.
Das Bürgerspital wurde von dem wohlhabenden Stadtpatrizier Johannes von Steren gegründet und von den beiden Brüdern Rüdiger und Wölflin von Teuffel 1340 zusätzlich mit dem Weindorf Laub im Steigerwald dotiert. Es darf sich daher als ältestes Weingut Frankens bezeichnen und ist mit gut 110 Hektar Rebfläche »nur« das drittgrößte in Franken. Das Bürgerspital hat seine Besitzschwerpunkte in Würzburg, Randersacker und an der Gössenheimer Homburg. Der vor wenigen Jahren neugebaute Gär- und Lagerkeller ist richtungsweisend für die moderne Kellertechnik; um so stimmungsvoller ist es dafür in dem aus Natursteinen gemauerten Probenkeller.
Den zweiten Platz der Fläche nach nimmt das Juliusspital ein, das vom Bischof Julius Echter 1576 gegründet und über den ehemaligen Judenfriedhof gebaut wurde. Antonio Petrini schuf die wundervolle Barockanlage des Stifts (1699–1714), unter der die nicht minder berühmten Kellergewölbe bis auf den heutigen Tag die wertvollen Kreszenzen von Escherndorf, Dettelbach über Würzburg bis nach Bürgstadt behüten.
Der Ausbau der Weine ist bei den großen Dreien immer qualitätsbewußt und sortenbetont, jedoch unverkennbar von den jeweiligen Kellermeistern geprägt; es herrscht ein ständiger Wettkampf zum Wohle des Schoppenpfetzers.
Wollte man die Sehenswürdigkeiten, die Weine und die Wirtshäuser Würzburgs gebührend beschreiben, hätte man ein zusätzliches Buch vom Frankenwein. Deshalb können hier nur Stichpunkte genannt, Schlaglichter gesetzt und der individuelle Entdeckerdrang angestachelt werden.
Gesehen haben sollte man die Stadt von oben, vom Fürstengarten der Festung aus mit der Bischofsmitra im Altstadt-Umriß, das Mainfränkische Museum von innen mit den Werken Riemenschneiders, Johann Peter Wagners, Jakob und Wolfgang von der Auweras und des Veitshöchheimer Gartenkünstlers Ferdinand Tietz, den Kiliansdom und das Epitaph für Bischof Rudolf von Scherenberg, Balthasar Neumanns Treppenhaus in der Residenz mit Tiepolos gewaltigem Deckenfresko, am besten während einer Mozartfest-Aufführung, das Lusamgärtlein, das Paradies von St. Burkard, die Alte Mainbrücke mit ihren Heiligen, die Kassettendecke im Kloster Himmelspforten und den Innenhof von Juliusspital und Alter Universität. Studiert haben sollte man die Eß- und Trinkgewohnheiten der Würz-

burger, die ihren einfachen Wein bei den Bäcken trinken und sich die Brotzeit dazu selbst mitbringen, ein stärkendes Relikt aus der Zeit, als noch regelmäßig die Frühmessen der Klosterkirchen besucht und danach die kalten Glieder in der Wärme der Backstuben gewärmt und die nüchternen Mägen mit einer ersten Stärkung versorgt wurden; gehobener wird bereits eine Einkehr im Bürgerspital, Juliusspital oder Hofkeller gesehen, wo es immer noch sehr preiswerte kleine Gerichte und ebensolch preiswerte und gute Schoppen gibt, ist doch ein Schoppen über 6 Mark auch heute noch in den Augen des Würzburgers der reine Wucher. Wer ganz gehoben fränkisch essen und trinken will, verspeist einen Waller im Wurzelsud beim Stachel oder in der Schiffbäuerin, einen Kärrnersbraten in der Stadt Mainz

Ausblick vom Kiliani-Riesenrad auf die Würzburger Nobelweinlage Stein

oder den traumhaften Ochsentopf in der Franziskaner-Klosterschänke. Gourmet-Lokale gibt es in Würzburg nicht, und die es gab, haben spätestens nach drei Jahren wieder geschlossen, so einfach ist das.
Getrunken haben muß man die Silvaner von der Inneren Leiste, vom Stein, von der Stein-Harfe und vom Pfaffenberg, Rieslinge, Rieslaner und Traminer vom Stein und Innerer Leiste und dann, so schreibt der Heimatdichter Anton Schnack in seinem »Liebesbrief aus Würzburg«:

> *Es währet nicht mehr lange, ein Stündchen oder zwei, Liebste, und ich bin des Weins voll, und ich kann nicht mehr schreiben, sondern nur noch mit großen Glasaugen lächeln, lächeln wie die dicken Kinderengel im Hofgarten. Es währet nicht mehr lange, da komme ich entweder eine Kellertreppe herauf oder ich gehe eine Kellertreppe hinunter. Jedesmal werde ich seliger sein und die Seligkeit wird mir im Gesicht mit dicker Bauernfarbe hängen.*
> *Oh, wenn Du diesen Seligen sähest: er hat viele Gläser mit Würzburger »Harfe« in der Hand gehalten, und was in den goldenen Harfentropfen sang, sang fröhlich die Gurgel hinunter mitten ins Herz, und da hat nun ein Tumult angefangen, viele Stimmen durcheinander, leise und laute, zarte und volle, Stimmen aus dem Frühling der Weißdornhecken, Stimmen aus dem Sommer, da der Main mit brennendem Band herunterfloß, Stimmen aus dem silbernen Lichtherbst, da die Nonne im Weingarten die bereifte Gutedeltraube in der frommen Hand hielt.*
> *Alle Welt, die hierherkommt und in den Ratskeller, zum Brückenbäck, zum Johanniter, Stern, Katharinen- oder Maulaffenbäck, zum Stachel oder in die Kette torkelt, schreit »Stein«, »Leisten« oder »Escherndorfer Lump«. Aber ich schwenke das Herz mit »Würzburger Harfe« aus, Liebste. Die hat meinetwegen nicht so viel feurige, erdige Kraft, aber dafür einen innigen Krakeel; die macht, daß ich an drei Liebesworte ein kleines Schimpfwörtchen anhängen muß. Ja, es ist nichts zu machen, ich muß es anhängen; denn wer ohne Liebste in Würzburg sitzt, die Steinpopos der Putten im Garten gestreichelt hat und sich denkt, daß seine ferne Liebste einen fleischernen hat, soll schimpfen. Schimpfen soll er wie ein Rohrspatz. Oder soll er lieber, das eine Auge eingezwickt, nach den weinheißen Würzbur-*

ger Mädchen schielen und nach ihren runden Brüsten greifen? Wenn er das noch könnte, Liebste! Denn es währet nicht mehr lange, ein halbes oder ein ganzes Stündlein und ich bin des Weines voll und kann nur noch mit aller Welt lächeln, mit der Madonna im Neumünster, mit dem milden Pfarrerangesicht hinter der Flasche, mit der Säule am Vierröhrenbrunnen, mit den Heiligen auf der Mainbrücke, mit der fränkischen Brezelfrau, mit den Bratwürsten auf dem zischenden Rost, lächeln, nur lächeln, bis ich selig wie ein von allen Sünden freigesprochener Pilger einschlafe. Da nipp' von meinem Mund, er hängt voll Wein.

Dein Anton Schnack

Bürgerspital zum hl. Geist, Juliusspital,
Staatlicher Hofkeller, Sektkellerei Oppmann

Rebstock, Weinhaus zum Stachel,
Klosterschänke im Hotel Franziskaner,
Zur Stadt Mainz, Schiffbäuerin, Walfisch,
Bürgerspital-, Juliusspital- und
Residenz-Weinstuben, Maulaffen-, Johanniter-
und Sandertorbäck, Weinhaus Schnabel,
Burggaststätte auf der Festung Marienberg

Thüngersheimer Ravensburg, Hammelburger Trautlestal und Homburger Kallmuth

Spritzige Dreiecksgeometrie in Müller-Thurgau, Kerner und Riesling

Das stilechte Gefährt für den Einstieg in das dritte Muschelkalkwein-Kapitel ist diesmal der vom Würzburger Alten Kranen abfahrende Maindampfer, der uns in einer geruhsamen halben Stunde, vorbei am Kloster Oberzell mit dem herrlichen Balthasar Neumann-Treppenhaus zur Anlegestelle Veitshöchheim bringt, wo uns ein Kunstwerk besonderer Art erwartet: der Rokoko-Garten von Veitshöchheim. Balthasar Neumann hatte 1750 das alte Lustschlößchen, die Sommerresidenz der Würzburger Fürstbischöfe, erweitert; die Umgestaltung des Gartens nach französischer Manier begann jedoch erst 1763 unter Fürstbischof Adam Friedrich von Seinsheim. Der Grundgedanke des Parks zeigt sich in einer dunklen Waldregion, einer lichteren Laubenregion und der hellen Seeregion, was übertragen Natur, Kultur und Poesie bedeuten soll; im Gedankengut der Freimaurer, denen Adam Friedrich zugerechnet wird, bedeuten die drei Übergänge Gottesverehrung, Natureinsicht und vollendete Lebensweisheit. Mitgestalter dieser symbolträchtigen Zauberwelt waren die Bildhauer Johann Wolfgang von der Auwera, Johann Peter Wagner und vor

Putto von Ferdinand Tietz im Rokoko-Garten in Veitshöchheim

allem Ferdinand Tietz, die eine Welt der Allegorien schufen, die Wolfgang Köppen »vergeistigte Frivolität« nannte und »die erotische Bemühung, den Tod zu ertragen«.

Veitshöchheim ist weniger durch die eigenen Weine als durch die Bayerische Landesanstalt für Weinbau und Gartenbau berühmt und hat auf diesem Weg die Entwicklung des Frankenweins entscheidend mitgeprägt. Die Weine der Landesanstalt aus den hoheitlichen Weinbergen werden in Veitshöchheim ausgebaut und gemeinsam mit den Weinen des Staatlichen Hofkellers in Würzburg vermarktet. Die Hofkeller-Weine decken die gesamte Palette aller fränkischen Gesteinsarten ab und können zu einem Großteil im Veitshöchheimer Ratskeller verkostet werden.

Veitshöchheim: Bayerische Landesanstalt,
Staatlicher Hofkeller Würzburg, Gustl Hessler

Ratskeller, Spundloch, Neue Anlage,
Weißes Lamm

Die kleine Einzellage Rimparer Kobersberg ist vielleicht das i-Tüpfelchen, das für unseren Ausflug ins Pleichachtal über Güntersleben nach **Rimpar** den Ausschlag gibt; die Magnete sind jedoch Tilman Riemenschneider und Fürstbischof Julius Echter.

Riemenschneiders Grabmal für Eberhard von Grumbach in der Rimparer Pfarrkirche ist eines seiner ersten Werke, mit seiner Maidbronner Beweinung hat er die gesammelte Erfahrung seines reichen Künstlerlebens, vielleicht auch die leidvollen Ereignisse des Bauernkrieges verdichtet und noch ein letztes Mal in der nur ihm eigenen Perfektion in Stein reflektiert. Julius Echter, der sonst so sparsame, stattete seinen neuerworbenen Sommersitz im ehemals Grumbach'schen Schloß wahrhaft fürstlich aus und hinterließ uns drei Renaissance-Rittersäle in venezianischer Manier, die nicht nur in Mainfranken ihresgleichen suchen. Der Rimparer Kobersberg präsentiert uns dazu eine Domina zur Brotzeit in der »Schloßgaststätte«.

Rimpar: Max Schäfer

Schloßgaststätte

Infolge eines geologischen Grabenbruchs stehen im Bereich der **Thüngersheim**er Weinlagen der Wellenkalk des Unteren Muschelkalks und der Obere Buntsandstein nebeneinander und verleihen in ihrer Verzahnung dem Thüngersheimer Wein jene Spritzigkeit, für die er schon seit Jahrhunderten bekannt ist. Der Thüngersheimer Ravensburg war schon immer ein heißer Konkurrent des Würzburger Steins, so auch 1753, als sich auf einer Jagd des Fürstbischofs von Greiffenclau in Erlabrunn die Jagdgesellschaft an diesem Wein labte und für dieses Jahr vom Steinwein abwandte.
Winzer-Wohlhabenheit ist wohl auch der Grund dafür, daß schon seit der Barockzeit im Vergleich zu anderen Landgemeinden immer mehr Thüngersheimer in den Immatrikulationslisten der Würzburger Universität verzeichnet sind.
Ein Erwerbszweig, der ebenfalls über Jahrhunderte viele Thüngersheimer Familien ernährte und die beste Begleitung zu den spritzigen Weinen lieferte, ist leider im Vollerwerb ausgestorben: Noch 1830 lebten acht Thüngersheimer Familien vom Fischfang im unbegradigten Main; das Würzburger Gasthaus »Zur Schiffbäuerin« garantierte eine wöchentliche Abnahme von vier Butten zu je einem Zentner Meefischli, und die Thüngersheimer Fischerfrauen boten die Edelfische, in grüne Blätter eingewickelt, auf dem Würzburger Markt an.

Thüngersheim: Bayerische Landesanstalt Veitshöchheim,
Staatlicher Hofkeller, Juliusspital, Bürgerspital,
Gebr. Geiger jun., Winzerhof Hart,
Hermann Bauer,
Winzergenossenschaft Thüngersheim

Bären

Nicht nur, weil **Erlabrunn**er Bürger viele Weinberge auf der Thüngersheimer Seite besitzen, sollten wir kurz das Mainufer wechseln, sondern um nach den spritzigen Thüngersheimer Silvanern und Rieslingen auch die erdverbundenen Silvaner, Bacchus- und Müller-Thurgau-Sorten der Lage Erlabrunner Weinsteig im Gasthaus »Zum Löwen« zu testen und danach die stilvolle Restaurierung der alten Schifferherberge »Meisnerhof« mitanzusehen.

Erlabrunn: Frank Hausknecht, Theo Körber, GWF Repperndorf

Zum Löwen

Leinacher Weinberge werden schon im 8. Jahrhundert erwähnt, die Weine aus den Lagen Himmelberg und Weinsteig ähneln im Geschmack den erdigen Erlabrunnern.
Im fränkischen Weinbau haben Leinacher Winzer ein deutliches Gewicht, sind doch sowohl der amtierende Weinbaupräsident Andreas Oestemer als auch der Juliusspital-Kellermeister Fritz Franz echte Leinacher Gewächse. 1580 ließ Fürstbischof Julius Echter die Gemeinde-Schenkstatt erbauen, sinnigerweise gleich mit einem Gefängnis im Keller, so daß auffällige Zecher gleich »24 Stund zur wohlverdienten Straff in wasser und brod eingethürmet« werden konnten.
Wir bleiben auf der linken Mainseite und erleben in der Zellinger Pfarrkirche die herrliche Notlösung, wie man aus einem unnützen Schloß durch Entnahme von Mauern und einer kunstvollen Neueinwölbung ein prachtvolles klassizistisches Gotteshaus zaubert, wenn man einen J.Ph. Geigel als Architekten und einen Johann Peter Wagner als Bildhauer und Stukkierer zur Verfügung hat. Den adäquaten Gegenpol auf der rechten Mainseite in **Retzbach** schuf Balthasar Neumann in der Pfarrkirche; den Müller-Thurgau und Kerner vom Retzbacher Langenberg und Benediktusberg bekommen wir im Retzbacher Gasthaus »Vogelsang« und im Retzstadter »Ratskeller«.

Retzbach und Retzstadt: Martin Müller, Hermann Schmitt, GWF Repperndorf

Retzbach: Gasthaus Vogelsang

Retzstadt: Ratskeller

Karlstadt ist eine jener liebenswerten Reißbrettgründungen der Stauferzeit, einer Zeit, in der die Reißbretter noch geschwungen waren und die Biegung einer alten Handelsstraße genauso duldeten wie die des Flusses.

Weinberg bei Karlstadt

Die Wohlhabenheit, die der Handel dem ummauerten Stadtwesen gegenüber der sagenumwobenen Karlburg auf ihrem 90 Meter steil abfallenden Wellenkalkfelsen einbrachte, spiegelt sich im Ratssaal des gotischen Rathauses von 1422, dem größten Ratssaal Unterfrankens.
Den Karlstadter Roßtal Silvaner und den Eußenheimer First Müller-Thurgau genießen wir in der altväterlich vertäfelten Wirtsstube des Karlstädter »Lamms« zu fränkischem Zwiebelbraten und Bachsaibling mit Kräutern in der Folie – dazu jeden Mittwoch eine besondere Mehlspeise wie Kartäuserklöße oder die guten alten Griesschnitten mit Zucker und Zimt.

Karlstadt: GWF Repperndorf

Weißes Lamm, Alte Brauerei

Karlburg: Goldener Dreiberg

Die Wern vollendet das Bild des Maindreiecks auf der Landkarte zur Traube: nicht nur deshalb sind wir dem uralten Rebland einen Besuch schuldig, sondern allein schon um diesen wunderbaren Garten Eden in seiner ganzen Unberührtheit zu erleben und dazu noch zwei Glanzpunkte an seinem Ende: das monumental-prächtige barocke Deckengemälde von der Seeschlacht zu Lepanto in der Wallfahrtskirche Maria Sondheim vor

Die Seeschlacht von Lepanto. Deckengemälde in der Wallfahrtskirche Maria Sondheim, Arnstein

den Toren Arnsteins und dazu den unvergleichlich spröden Charme des Engelwirts von Arnstein zu seinen ebenso unvergleichlichen heißgeräucherten Forellen.
Auf dem Weg dorthin erleben wir deftige hausgebaute Schoppen von Bacchus und Müller-Thurgau und fränkische Weingeschichte an den ehemaligen Lagen Brückenberg, Hausberg und Goldklinge in Reuchelheim, Sesselberg, Ochsenberg und Donnerschlag in Müdesheim, Schwefelberg in Halsheim und Brückberg in Binsfeld. Sie alle sind im Arnsteiner Bischofsberg aufgegangen, aber die Winzerheilige des Werntals, die heilige Radegundis in ihrer Wallfahrtskapelle zu Müdesheim hält ihre Hand weiterhin schützend über die alten Weingärten.

Müdesheim: Winzerhof Willert-Eckert

Arnstein: Goldener Engel

Reuchelheim: Weinstube Müller

Kurz vor ihrer Mündung in den Main umspielt die Wern den Steilhang zu Füßen der **Gössenheim**er Homburg, die sich Reinhard von Hohenburg bereits um 1028 erbaute.
Daß die Homburg heute zu den größten Burganlagen Deutschlands gezählt wird, verdankt sie der 200 Jahre jüngeren Vorburg, die Kreuzzugsteilnehmer des Hauses Hohenburg der Hauptburg vorbauten, nachdem sie die Vorteile solcher Anlagen im Heiligen Land kennengelernt hatten.
Das Schmuckstück der Ruine ist die guterhaltene Kapelle, deren Sandsteingrabmale das Bayerische Nationalmuseum in München behütet.
Den spritzigen Kerner, Bacchus und Müller-Thurgau aus der Bürgerspital-Lage Gössenheimer Homburg gibt es gottlob wieder beim legendären Schoppenfranz, dem Freisitz auf blankem Muschelkalk zwischen Küchenschellen und Adonisröschen zur deftigen Brotzeit zu verkosten.

Bürgerspital Würzburg

Schoppenfranz auf der Homburg

Auf dem Weg ins nordöstlichste Weinbaugebiet Frankens werden wir in **Gemünden** kurz geologisch untreu und lassen uns im »Koppen« den bereits auf Buntsandstein gewachsenen Gemündener Scherenberg Müller-Thurgau schmecken, bevor wir uns im Saaletal im Franziskanerkloster Schönau von der Stuckmarmorkunst des Kilian Stauffer verzaubern lassen und im Mönchschor der einstigen Zisterzienserinnenkirche die Figuren aus der Riemenschneiderwerkstatt bewundern.

Bildstock am Gambacher Kalbenstein

Gemünden: Hotel Koppen

Durch ein Tal wie im ökologischen Märchen mit Heckenreihen, Streuobstbäumen, Ufergehölzen und Flußmäandern kommen wir saaleaufwärts über Gräfendorf, Morlesau und Diebach ins einstmals fuldische **Hammelburg,** dessen Weinbau älter ist als der Würzburger und dessen unvergleichlich spritzige Müller-Thurgau-Reben im Trautlestal, aber auch am Saalecker Schloßberg gedeihen, der heute im Besitz des städtischen Weingutes ist und von der Renaissanceburg mit dem romanischen Bergfried bewacht wird. Als Hotelgäste des Saalecker Schloßhotels können wir uns mit den genannten Weinraritäten vertraut machen und durch bleiverglaste Fenster den Blick ins Saaletal und auf die Erthaler Kalkberge genießen.

Hammelburg: Staatlicher Hofkeller Würzburg, Weingut der Stadt Hammelburg, Josef Eilingsfeld, Winzergenossenschaft Hammelburg

Schloß Saaleck, Gasthaus Engel, Neumühle bei Diebach

Das Rote Schloß in Hammelburg, erbaut nach Plänen des Baumeisters Andrea Galasini aus Mantua

Morlesau: Gasthaus Nöth

Die Dreifachruine Trimburg, der Ramsthaler St. Klausen und der Wirmsthaler Scheinberg behüten die ausklingenden Müller-Thurgau-Lagen des mittleren Saaletales, die von Bacchus-, Kerner- und Ortegareben begleitet werden, gradlinigen Schoppenweinen zur Bratwurst oder zum Schäufele im Ramsthaler »Gasthaus Wahler.«

Ramsthal: Gerald Baldauf

Gasthaus Wahler

Nun ist ein großer Sprung ohne Weinwuchs vonnöten, der aber durch die Besichtigung der einzigartigen Burgkapelle von **Rieneck** aus dem 12. Jahr-

Weinberge an der Trimburg im Saaletal

hundert, eine Einkehr im traditionsreichen Rienecker Gut Dürnhof und eine Besichtigung der einstigen Hauptstadt der Grafschaft Rieneck, dem Städtchen **Lohr** mit seinem Spessartmuseum und der wunderbaren Fachwerkfußgängerzone sehr reizvoll aufgelockert wird.

Rieneck: Hotel Dürnhof

Lohr: Weinstube Mehling

Zwei Spessartwanderungen mit sehr lohnenden kulinarischen Endpunkten empfehlen sich obendrein: durch den Lohrer Wald zum fürstlichen »Forsthaus Aurora« und durch das herrliche Hafenlohrtal zum Gasthaus »Hochspessart« in der durch Kurt Tucholsky berühmt gewordenen Lichtenau, wo »die Zeit stehengeblieben ist« und die frisch gebratenen Spessartforellen noch genausogut schmecken wie zu den Zeiten, als hier die Pferde des Mainzer Kurfürst-Erzbischofs grasten und auf den nächsten Einsatz bei der Hirsch- und Saujagd warteten.

bei Einsiedel: Fürstliches Forsthaus Aurora

Lichtenau: Gasthaus zum Hochspessart

Historischer Festzug in Lohr

Duftigen Muschelkalk-Müller-Thurgau gibt es erst wieder am Marktheidenfelder Kreuzberg, der uns im »Weinhaus Anker«, einer der ersten fränkischen Feinschmeckeradressen, serviert wird.

Marktheidenfeld: Staatlicher Hofkeller Würzburg, Josef Deppisch

Gasthaus Anker

Die prachtvolle barocke Dreifaltigkeitssäule in Lengfurt läßt uns noch einmal kurz vom Mainufer abschwenken, bevor wir unsere Muschelkalkweinreise in **Homburg** im fürstlich-löwensteinischen Weinberg Homburger

Kallmuth mit einem Weinfeuerwerk enden lassen. Was hier auf den Röttonen des Oberen Buntsandsteins in extremer Steillage gedeiht, dabei von den im halben Hang steil aufstrebenden Wellenkalken ständig befruchtet wird und schließlich im Glas jenen beispiellos edlen Mandelgeschmack entfaltet, das ist nicht nur Wein, das ist vom heiligen Urban gesegnete Erdgeschichte und urfränkisches Kulturgut in einem. Wer diesen Wein als Silvaner oder Riesling kennt, der versteht den letzten Prior der Kartause Grünau, der seinen Gästen den Kallmuthwein wegen seiner Kostbarkeit nur in Schnapsgläschen kredenzte.

Homburg:  Fürst Löwenstein, Hartwig Martin

 Weinhaus zum Ritter

Wein ist der Glättstein des Trübsinns,
Der Wetzstein des Stumpfsinns,
Der Brettstein des Siegers im Schach.
Ja, Wein ist der Meister
Der Menschen und Geister,
Der Feige macht dreister
Und stärket was schwach.
Der Kranke gesund macht,
Blaßwangige bunt macht,
Verborgenes kund macht
Und Morgen aus Nacht.

Friedrich Rückert

Vom Bronnbacher Kemelrain zum Tauberzeller Hasennestle

Melusinenweine

Zwischen Bronnbach und Gamburg, versteckt zwischen den Erlenmäandern der Tauber liegt der stattliche Renaissancebau der Eulschirbenmühle. Hier ist die Sage von der schönen Melusine zu Hause. Sie erzählt, daß ein wunderschönes Mädchen in den Diensten des Müllers gestanden habe. Jeden Donnerstagabend verschwand es, doch am Samstagmorgen versah es wieder pünktlich Dienst. Der Burgherr der Gamburg hatte ein Auge auf das schöne Wesen geworfen und verfolgte es eines Donnerstags abends heimlich: Er sah, daß das Mädchen seine Kleider am Ufer auszog und spurlos in der Tauber verschwand. Er versteckte die Kleider und erzwang sich dadurch die Zuneigung des Mädchens, baute ihm aber in seiner Liebe ein Haus am Tauberufer mit direktem Zugang zum Wasser und ließ ihr das Wassergeheimnis.
Mittlerweile war jedoch der Müller argwöhnisch und neidisch geworden und suchte bei den Mönchen in Bronnbach Rat. Sie hießen ihn, eine bestimmte Pflanze zu trocknen und sie samt geweihtem Wachs an einem Donnerstag in den Abendstunden auf den geheimen Zugang zur Tauber zu legen. Seither wurde die schöne Melusine nie mehr gesehen.

Im Garten des Klosters Bronnbach

Wassermädchen oder »Wasserfraale« tummeln sich nicht nur in vielen Bildern und Sagen des Taubertales, sondern sogar am Fachwerk des Grünsfelder Rathauses und im Wappenschild des 1699 gestorbenen Bronnbacher Abtes Franziskus Wundert.
Damit wären wir beim ersten Schluck badisch-fränkischen Buntsandsteinweins, dem wohlschmeckenden **Bronnbach**er Kemelrain, der sich als Silva-

ner und auch als Spätburgunder sehen lassen kann. Das Kloster überrascht vor allem durch den Kontrast zwischen ursprünglicher zisterziensischer Schlichtheit im Kreuzgang und der üppigen Barockausstattung der spätromanischen Basilika.

Bronnbach: Fürst Löwenstein Kreuzwertheim, Weingut des Landkreises Main-Tauber, Winzergenossenschaft Reicholzheim

Klosterhof

Reicholzheim: Weingut Konrad Schlör

Von Bronnbach bis kurz vor Tauberbischofsheim dominiert der harte mittlere Buntsandstein, dessen extrem steile Einhänge keinen Erwerbsweinbau mehr zulassen.
Doch nun wird die Dame Tauber fülliger und hält uns auch schon einen Wein-Leckerbissen bereit: die **Tauberbischofsheim**er Einzellage Edelberg, in der wir die erste Begegnung mit der Taubertäler Urtraube, dem schwarzroten Tauberschwarz, machen können. Im kurmainzischen Amtsstädtchen wacht seit dem Anfang des 13. Jahrhunderts der Türmerturm am Amtsschloß über die Fachwerkhäuser am Marktplatz. Die Predella des spätgotischen Altars in der Pfarrkirche St. Martin mit ihrer Darstellung der Wurzel Jesse wird Tilman Riemenschneider zugeschrieben.

Tauberbischofsheim: Winzergenossenschaft Beckstein

Badischer Hof

Zwischen Tauberbischofsheim und Lauda-Königshofen gibt es zum Grünkern einen Gerlachsheimer Herrenberg Silvaner, einen Marbacher Frankenberg Müller-Thurgau, einen Laudaer Altenberg Weißburgunder oder einen Oberschüpfer Herrenberg Tauberschwarz.
Die kunstgeschichtlichen Höhepunkte dieses Talabschnitts sind die Achatiuskapelle in **Grünsfeldhausen,** die in der Kreuzritterzeit entstand und mit ihrem Oktogon an das Heilige Grab erinnert, und Tilman Riemenschneiders Dorothea von Rieneck in der Pfarrkirche von **Grünsfeld;** der Faltenwurf ihres Kleides erscheint wie in Lindenholz geschnitzt und nicht aus Stein gehauen.

Das Doppeloktogon von St. Achatius in Grünsfeldhausen

Die monumentale barocke Mater dolorosa vor der ehemaligen **Gerlachsheimer** Klosterkirche wurde von der frommen Weinhändlerfamilie Buchler gestiftet.

Für die Verkostung des badisch-fränkischen Nationalgerichts Grünkern, als Suppe, Risotto oder Brätling empfehlen sich der »Ratskeller« in **Lauda** und die »Rose« in **Königshofen,** die auch den ersten Tauberschwarz auf der Weinkarte präsentiert.

Der Marbacher Frankenberg und das Gasthaus »Schillinger« in **Marbach** sind als tauberfränkische Symbiose anzusehen, der Marbacher »Hitzeblitz«-Silvaner und der unvergleichliche Zwiebelrostbraten sind ein absolutes Muß.

Die Tauberfränkische Winzergenossenschaft Beckstein ist vorerst die letzte Institution, die uns tauberfränkischen Wein im Bocksbeutel kredenzen darf.

Marbach: Arthur Schillinger
Gasthaus Schillinger (Zum Lamm)

Lauda: Rebgut Werner Vögtlin
Ratskeller

Gerlachsheim: Weingut Hermann Günther

Königshofen: Rose

Beckstein: Weingut Hubert Benz
Tauberfränkische Winzergenossenschaft

Ab Bad Mergentheim begeben wir uns von Napoleons Gnaden auf württembergischen Boden und haben fortan mit der Schlegelflasche vorlieb zu nehmen.
Die Kurstadt Bad Mergentheim wird vom ehemaligen Deutschordensschloß beherrscht. Der barocke Schwung des ansonsten etwas trockenen Gebäudes ist Balthasar Neumann, François de Cuvillies und dem Mergentheimer Stukkateur Franz J. Roth zu verdanken. In den nördlichen Treppenturm zauberte Blasius Berwart eine zerbrechlich-schöne Wendeltreppe.
In den »Zirbelstuben« des Hotels Viktoria kocht Hubert Retzbach auf internationalem Gourmet-Niveau, aber dennoch tauberfränkisch, und ermöglicht uns dazu noch eine exklusive Begegnung mit urfränkischen Bocksbeuteln aus der Escherndorfer Edellage Lump vom Weingut Horst Sauer. Die Escherndorfer Wirte schenken nämlich nur ihre Eigenbauweine aus.

Bad Mergentheim: Zirbelstuben im Hotel Viktoria

Die schmackhaften Müller-Thurgau-Weine und Silvaner der Lagen **Markelsheim**er Propstberg, Mönchsberg und Tauberberg waren jahrhundertelang im Besitz des Würzburger Neumünsterklosters, was von vornherein für ihre Qualität spricht. Heute werden sie vom Weingut Pius Schurk besonders sortentypisch ausgebaut.

Markelsheim: Pius Schurk
Weingärtnergenossenschaft Markelsheim

Weinstube Lochner
Weinstube Schurk

Weikersheim, Stammsitz der Grafen und späteren Fürsten von Hohenlohe, lebt noch immer aus der Pracht, die ein kunstsinniges Duodezfürstentum in Renaissance und Barock entfaltete. Es hat seine Höhepunkte im Hofgarten des frühen Barock und im Rittersaal des Schlosses, in dem uns Graf Wolfgang ein Zeugnis seiner Jagdleidenschaft hinterließ: Die Holzkassettendecke bemalte der Würzburger Meister Balthasar Katzenberger mit 69 Jagdszenen.

Der barocke Schloßpark von Weikersheim

In den fürstlichen Weinlagen Weikersheimer Schmecker und Weikersheimer Karlsberg gedeihen ein spritziger Silvaner und ein erstaunlich schöner Riesling.

Weikersheim: Fürstlich Hohenlohe-Langenburg'sche Weingüter Schloß Weikersheim

Hotel Laurentius, Grüner Hof

Die Schäftersheimer Weinlage Klosterberg, die einst im Besitz des dortigen Prämonstratenserinnenkloster war, ist der letzte württembergische Weinberg. In der Tauberrettersheimer Lage Königin, die früher dem Würzburger Neumünsterstift gehörte, hat uns der Bocksbeutel wieder. Unterhalb des Weinbergs wölbte Balthasar Neumann die schönste Tauberbrücke des Tales. **Röttingens** Burg Brattenstein und die Stadtbefestigung entstanden um 1275. Die Kilianskirche stammt ebenfalls aus spätromanischer Zeit und wurde von Julius Echter nur mit seinem typischen Spitzhelm bekrönt. Das bürgerliche Prachtstück des Städtchens, das sich durch die von Veit Relin begründeten Burgfestspiele einen Namen gemacht hat, ist das marktplatzbeherrschende Barockrathaus von 1750.

In dem sagenumwobenen »Hohen Haus«, einem hochaufragenden Gebäude mit prachtvollem Fachwerkobergeschoß vermutet man ein eigenbefestigtes Weiherhaus, also eine Fischzucht früherer Zeiten.

Carlheinz Gräter schrieb zu Röttingens Tauberweinlage Feuerstein: »Bei Röttingen beginnt nun endgültig das Weinrevier des Taubergrundes. Die Rebkultur ädert als grüne Intarsie die Tracht der Landschaft ... Zart süffig und von lichthellem Glanz zeigt sich der Wein des Taubertals im Glas. Die charakteristische Mitgift an Säure, das Kreuz und in guten Jahren die Krone der Bocksbeutelkumpane, erscheint hier genuin gemildert.«

Die Tauber bei Röttingen

Bildstock an der Pfarrkirche von Röttingen

Aus Gräters Zeilen läßt sich bereits ableiten, daß der Weinbau im oberen Taubertal an Bedeutung verliert; dafür wurde es von Tilman Riemenschneider um so reichlicher geschmückt: Die Krönung seines Schaffens erwartet uns im Marienaltar der Creglinger Herrgottskirche, wenn man gegenüber dem Passionsaltar von Detwang und dem Heilig-Blut-Altar der Rothenburger Jakobskirche überhaupt Gradunterschiede der Schönheit feststellen möchte.

Röttingen: Gerald Poth

Frankenstuben

Das Tauberzeller Hasennestle und der Tauberzeller Veit sind Kleinweinlagen in einer ökologisch um so hochwertigeren Umgebung aus ehemaligen, aufgelassenen Weinbergen. Verkosten können wir sie in der »Alten Schreinerei« in Bettwar und beim Besitzer der Lage Veit, dem Glockenwirt am Plönlein in der einstmals Freien Reichsstadt Rothenburg, von der wir gleich nocheinmal hören werden.

Tauberzell: Zum Ochsen – Weinverkauf des Weinguts Glocke im Haus

Bettwar: Alte Schreinerei

Im Mai 1999 erfüllte sich der Senior des Wirtshauses Zur Glocke einen Lebenstraum: er konnte nach langen Jahren Überzeugungsarbeit endlich Stadt, Landkreis und Regierung dazu bewegen, die jahrhundertealte Weinbautradition Rothenburgs wieder aufleben zu lassen. 40 ar des ehemaligen Johanniterkloster-Weinbergs wurden entbuscht, die Trockenmauern saniert und die neue Rotweinsorte Regent angepflanzt. Somit wird es 2002 wieder ureigenen Rothenburger Wein für den Meistertrunk geben.

Rothenburg: Weingut Glocke, Familie Thürauf

Glocke, Goldener Hirsch, Rappen, Hotel Eisenhut

Detwang: Schwarzes Lamm

Tauber heiß ich, Reben schwing ich,
Trunken in den Taubergrund,
Und den Kindern Trauben bring ich
Um die Hälse golden bunt.

Clemens Brentano

Vom Kreuzwertheimer Kaffelstein zum Klingenberger Schloßberg

Roter Stein und roter Spätburgunder

Eine archaische Schönheit soll am Anfang unserer Buntsandsteinreise stehen, das St. Jakobskirchlein auf der Anhöhe in Urphar, ursprünglich nur ein Wehrturm, später eine kleine romanische Wehrkirche mit den abgeklärten Wandmalereien aus dem 13. Jahrhundert.
Der Main ist hier Landesgrenze, und so befinden wir uns derzeit auf badischem Boden und wollen diesen kleinen Auslandsaufenthalt auch noch auf das Main-Tauberstädtchen **Wertheim** ausdehnen, das sehr malerisch von der gräflich Wertheim'schen Burg bekrönt wird. Ein kleiner Stadt-

Die ausgemalte Apsis der romanischen St. Jakobskirche in Urphar

Burg Wertheim

bummel ist unbedingt anzuraten, schon um das Glasmuseum im Kallenbach'schen Haus und die Modersohn-Ausstellung im ehemaligen Rathaus anzuschauen. Auf den Fachwerkbalken der wohlhabenden Weinhändlerstadt ist des öfteren der Weinfuderpreis eingeschnitzt, der im jeweiligen Baujahr Gültigkeit hatte. Wertheims Stadtmauer geht wie die von Prichsenstadt auf Kaiser Karl IV. zurück, und in einem ehemaligen Turm, dem heutigen »Hotel Schwan«, können wir uns den ersten Spätburgunder vom badisch-fränkischen Bronnbacher Josephsberg zu einer geschmorten Kaninchenkeule munden lassen.

Wertheim: Adolf Steinmann

Zum Schwan

Den ersten bayerischen Spätburgunder und noch dazu gleich einen der charaktervollsten, einen Kreuzwertheimer Kaffelstein vom Staatlichen

Hofkeller, schlürfen wir gegenüber in **Kreuzwertheim** im »Lindenhof«, wo sich Ingolf A. Wießler in die Reihe der bayerischen Spitzenköche hineingekocht hat. Er empfiehlt dazu sein Hechtenkraut nach König Ludwig oder den Feldhasen im Kräuterpfannkuchen.
1594 erbaute sich der Kreuzwertheimer Ortsschultheiß einen noblen Alterssitz, in dem mittlerweile eines der bekanntesten Privatweingüter Frankens, das Fürstlich Löwenstein'sche Weingut seine durchwegs fränkisch-trockenen Weine ausbaut. Kellermeister Robert Haller hat seine Weinberge neben dem berühmten Kallmuth in Homburg am Lengfurter Alten Berg und Oberrot, am Bronnbacher Kemelrain und Josephsberg und am Bürgstadter Centgrafenberg.

St. Martinskapelle in Bürgstadt

Kreuzwertheim: Staatlicher Hofkeller Würzburg
Fürstlich-Löwenstein'sches Weingut

Lindenhof

Ein wenig Romantik und Geschichte zur Verdauung nach dem Menü im »Lindenhof«? Bitte sehr: In Stadtprozelten setzen wir mit der Mainfähre wieder ins Badische, nach Mondfeld, über und haben von der Flußmitte aus einen besonders schönen Blick auf die trutzige Henneburg, die einst die Deutschordenskommende Stadtprozelten beschützte.
Bürgstadts Ursprünge gehen wohl auf ein fränkisches Königsgut zurück, darauf deutet das uralte Martinspatrozinium der Martinskapelle. Der um guten Wein bemühte Grundherr Bürgstadts war das Mainzer Domkapitel, das uns in der Martinskapelle einen wunderbaren dreifachen Renaissance-Bilderzyklus mit Szenen aus dem Alten und Neuen Testament hinterließ, sozusagen Schaubilder zu den jeweiligen Predigten. In den Spätburgunder-Weinbergen Bürgstadts haben heute zwei Grundherren das Sagen: in der Mainhölle das Würzburger Juliusspital und im Centgrafenberg Paul Fürst, der mit dem väterlichen Weingut einen nahezu kometenhaften Aufstieg in die Reihe der deutschen Spitzenweingüter geschafft hat. Er hat den Barrique-Ausbau bei den fränkischen Rotweinen hoffähig gemacht und zelebriert den blauen Spätburgunder und den noch selteneren Frühburgunder auf geradezu elitäre Weise in den Bocksbeutel.
Mit viel Fingerspitzengefühl für den Markt verfolgt er auch beim Weißweinausbau zwei gegensätzliche Richtungen mit letzter Konsequenz: Silvaner und Riesling werden klassisch reduktiv und sehr elegant gefüllt, der stoffige Weißburgunder dagegen bleibt lange auf der Hefe und im Holzfaß, um später durchaus neben besten französischen Chardonnays bestehen zu können. Der standesgemäße Degustationsort wäre in diesem Fall das »Weinhaus Stern«.

Bürgstadt: Rudolf Fürst, Juliusspital Würzburg,
Erhard Helmstetter

Weinhaus Stern

Weinhaus Stern in Bürgstadt

In **Miltenberg** vermischt sich Römisches mit Fränkischem, denn unweit der Stelle, wo jetzt die Friedhofskapelle den wunderbaren spätgotischen Schnitzaltar des hl. Laurentius behütet, stieß seinerzeit der Limes an den Main. Die berühmtesten Künstler Miltenbergs waren die Alabasterbildhauer aus der Familie Juncker, von denen Zacharias den Altar von der Geburt Christi in der Pfarrkirche schuf. Der Miltenberger Steingrübler ist überwiegend ein Weißweinwengert und paßt als Silvaner hervorragend zu der Alt-Miltenberger Spezialität, den »Miltenberger Roßäpfeln«, die man bisweilen in der Brauerei Keller noch auf der Tageskarte findet.

Miltenberg: Otto Knapp

Brauerei Keller, Altes Bannhaus

Ein zwingend notwendiger Abstecher führt uns nun ein klein wenig in den Odenwald hinein nach Amorbach, wo der Mainzer Hofbaudirektor Maxi-

milian von Welsch eine geglückte Synthese von Romanik und Barock in die ehemalige Benediktinerabteikirche zauberte, allerdings mit so hochkarätigen »Gastarbeitern« wie Johann Georg Übelherr und Johann Michael Feichtmayr aus Wessobrunn und Matthäus Günther aus Augsburg. Draußen bei der kleinen Wallfahrtskapelle Amorsbrunn mit dem seltenen Wurzel-Jesse-Altar ist der ehemalige Kloster-Schafhof zur Odenwald-Einkehridylle schlechthin geworden.
Den einzigen derzeit im Ertrag stehenden bayrischen Odenwaldwengert hat der Weilbacher Engelwirt am dortigen Grauberg wiederaufleben lassen und baut dort ehrliche Brotzeit-Schoppenweine vom Müller-Thurgau und Bacchus. Den Kochkäs, die berühmte Odenwälder Spezialität, bereitet man im Gasthaus Meixner in Watterbach und in der Pulvermühle besonders köstlich zu.

Amorbach: Hotel Schafhof, Gasthaus Pulvermühle

Watterbach: Gasthaus Meixner

Auf dem Rückweg zum Löwensteinischen Dientzenhoferschloß in Kleinheubach, dessen Marmorsaal der Bronnbacher Zisterziensermönch Ambrosius Reith mit recht freizügigen Gemälden nach Tiepolo-Art ausschmückte, wartet noch ein Einkehr-Superlativ auf uns, die »Krone« in **Laudenbach,** die unter ihrem breiten Barock-Mansarddach fränkische Gemütlichkeit mit hervorragender Küche verbindet und das ganze Buntsandstein-Spätburgunder-Spektrum des Untermains im Keller liegen hat, allen voran die beiden Fürsten: Fürst Löwenstein, Kreuzwertheim, und Paul Fürst, Bürgstadt. Außerdem gibt es hier eine Spezialität zu genießen,

Der »Fränkische Rotweinwanderweg« verbindet die Weinorte des Untermains von Bürgstadt bis Großwallstadt

der wir in unserem Urgestein-Kapitel noch begegnen werden, den Aschaffenburger Pompejaner Ortega.
Auch das Nachbar-Wirtshaus »Goldener Engel« braucht sein Licht keineswegs unter den Scheffel zu stellen. Gemeinsam mit der Großheubacher »Krone« bekochen die drei Wirte alljährlich das Weinfest im Kleinheubacher Schloßpark, das Fürst Löwenstein und Paul Fürst mit ihren Weinen und der wundervollen Schloßparkatmosphäre zum Buntsandstein-Weinerlebnis schlechthin werden lassen.

Laudenbach: Romantik-Hotel Krone, Goldener Engel

Nun ist es Zeit, noch einmal die Mainseite zu wechseln und dem **Großheubach**er Bischofsberg sowie dem Engelberger Klostergarten die Reverenz zu erweisen, die sich wie der Miltenberger Wein lieber als weißer Müller-Thurgau, Silvaner, Perle oder Riesling präsentieren und in der Großheubacher »Krone« hervorragend zur hausgemachten Sülze vom Tafelspitz mit grüner Sauce schmecken. Ein geschliffener Rubin leuchtet dennoch aus dem Bischofsberg, der Spätburgunder des Staatlichen Hofkellers, der 93er »Barrique« darf zu den fränkischen Jahrhundertrotweinen gezählt werden.

Großheubach: Staatlicher Hofkeller Würzburg,
Kloster Engelberg, Lorenz Straub,
Stefan Kremer

Krone

Die ältesten Reste einer ringwallartigen Befestigung oberhalb **Klingenberg**s datieren auf das 9. Jahrhundert zurück. Erst die dritte Burg, erbaut von den staufischen Schenken von Klingenberg, hinterließ uns ihre Spuren als Bekrönung des berühmten Klingenberger Terrassenweinbergs, den schon Matthias Merian in Kupfer stach.
Den Besitz am legendären Weinwuchs hatte sich der Mainzer Fürstbischof ab 1505 uneingeschränkt gesichert; sein Amtmann Kottnik von Aulenbach erbaute 1560 das Renaissance-Stadtschloß.

Klingenberg am Main

1632 schrieb Erasmus Wiedmann den Vers:

> Zu Klingenberg am Main,
> zu Würzburg an dem Steine,
> zu Bacherach am Rhein
> hab ich in meinen Tagen
> gar oftmals hören sagen,
> sollen sein die besten Wein!

Von diesem Vers zehrt der Klingenberger Schloßberg Spätburgunder noch heute. Neuen Ruhm heimst Ingo Holland in seinem »Alten Rentamt« ein,

wo er zu diesen Spätburgundern zum Beispiel geräucherte Schweinebäckchen auf Linsensalat oder hausgemachte Rehbratwürstchen mit Rotkohlsalat serviert.
Man kann ihn getrost einen »Außenplanetarischen« nennen, denn er kocht in seinem Feinschmeckerlokal nicht nach Sternen, sondern einzig und allein nach seiner eigenen Kreativität.

Klingenberg: Weingut der Stadt Klingenberg,
Theo Heinbücher, Wolfgang Kühn

Altes Rentamt

Die Buntsandstein-Schoppen klingen als Spätburgunder mit dem **Erlenbach**er Hochberg aus und als Weißweine vom Müller-Thurgau und Bacchus am Rücker Schalk, Johannisberg und Jesuitenberg. Es waren vor den Jesuiten vom Kloster Himmelthal die Zisterzienserinnen, die den Weinbau spessarteinwärts vorantrieben.

Erlenbach: Weingut der Stadt Erlenbach, Manfred Kroth

Rück: Zum Goldenen Engel

Unser Buntsandsteinkapitel will dem roten Stein noch vollends auf den Grund gehen und endet daher ganz im Innern des Spessarts. Man muß einfach einmal das Mespelbrunner Schloß samt Spiegelbild im Schloßweiher gesehen haben und in der alten Echter-Grablege Hessenthal die Kreuzigungsgruppe von Hans Backoffen, die fast noch ergreifender ist als die berühmte Riemenschneider-Beweinung.
Auf zwei Ausnahme-Künstler gehört auch noch ein Ausnahme-Wirtshaus, die »Woischaiän« in Mespelbrunn, in der der Chef zugleich Wirt, Dekorateur und Küchenkünstler ist, das sieht man allein schon an seinen Salaten, die eigentlich mehr eßbare Stilleben mit Kräutervinaigrette sind. Dazu gibt es Müller-Thurgau und Riesling vom Eigenbau-Weinberg der Wirtin, dem Hörsteiner Reuschberg, der uns somit einen nahtlosen Übergang zum Urgesteins-Weinkapitel bietet.

Mespelbrunn: Woischaiän

Im Wein
Birgt sich viel:
Spiel,
Schwermut und Lust.
Aber du mußt,
Ohne Ziel,
Dich ihm ergeben,
Nichts wollen
Und ganz ohne Verlangen sein.
Es sollen
Schon Weise auf leisen
Sohlen
Verstohlen mit ihm in den Himmel
gegangen sein.

Georg Britting

Vom Hörsteiner Abtsberg zum Michelbacher Apostelgarten

Duftiger Riesling von schimmerndem Gneis

Für das Urgestein gibt es ein Lößvorspiel im schmucken Fachwerkstädtchen **Großostheim.**

Am großzügigen Marktplatz steht der einstige dompropsteiliche Zehnthof, das Nöthigsgut, in dem jetzt das Bachgaumuseum untergebracht ist, und gegenüber die Pfarrkirche St. Peter und Paul, für die Tilman Riemenschneider den Beweinungsaltar schnitzte.

Die Müller-Thurgau-Weine, Silvaner und Rieslinge vom Reischklingenberg und Harstell gelten als besonders sortentypisch und kräftig. Otto Kapraun, der seinerzeitige Ochsenwirt, der den Großostheimer Weinbau 1911 wiederbelebte, war auch in der Rebzüchtung aktiv und selektierte einen eigenständigen Silvaner-Klon, der noch heute unter seinem Namen im Handel ist.

Großostheim:  Peter Höflich, Karl Heinz Kapraun

Ringheim:  Weinstube Zimmermann

Das Urgesteinskapitel beginnt in **Aschaffenburg,** genauer gesagt unterhalb des Pompejanums, jener Villa, die sich König Ludwig I. als Traum vom Süden von seinem Architekten Friedrich Gärtner nach dem einst in Pompeji verschütteten Haus von Kastor und Pollux originalgetreu nachbauen ließ. Der Mainsteilabfall, auf dem das Pompejanum steht, läßt bereits das andernorts noch verborgene Grundgestein Gneis zutage treten, er gibt der städtischen Nobelweinlage Pompejaner und ihren Müller-Thurgau- und Ortegatrauben die unverwechselbare Note. Zwei Mainzer Kurfürst-Erzbischöfe haben Aschaffenburgs Bild entscheidend geprägt: Albrecht von Brandenburg, zugleich Erzbischof von Magdeburg und Administrator von Halberstadt, amtierte von 1514 bis 1545 und ließ die bedeutenden Lukas-Cranach-Altäre aus dem protestantischen Halberstadt nach Aschaffen-

Die Weinlage Pompejaner zu Füßen des Pompejanums in Aschaffenburg

burg bringen wie auch das phantastische Werk Matthias Grünewalds »Begegnung des Erasmus mit Mauritius«, in dem er sich selbst als Erasmus darstellen ließ. Für die Aschaffenburger Stiftskirche St. Peter und Alexander malte Mathis der Maler im Auftrag Albrechts die ergreifende Beweinung Christi, die als einziges seiner Werke im Original in Aschaffenburg erhalten ist.

Der zweite Bischof war Johann Schweickhard von Kronberg, der mit seinem Straßburger Architekten Georg Ridinger in neunjähriger Bauzeit das im Markgräflerkrieg zerstörte Schloß im Stil der Renaissance neu aufführte. Das viertürmige, fast symmetrische Buntsandsteinschloß beherrscht das Mainufer gewichtig, erhält seine eigene kleine Asymmetrie durch den von der alten Wasserburg übernommenen Bergfried und ordnet sich doch dem Stadtbild mit der Stiftskirche harmonisch unter.

In den Aschaffenburger »Schloßweinstuben« kocht der Wirt Peter Schweickard - *nomen est omen* - gelegentlich die alten Rezepte des kurfürstlichen Mundkochs Max Rumpoldt von 1581 nach und schenkt dazu die gesamten Urgesteinsweine des Staatlichen Hofkellers aus.

Carillonfest im Innenhof des Aschaffenburger Schlosses

Aschaffenburg: Weingut der Stadt Aschaffenburg

Schloßweinstuben, Hotel Wilder Mann

Bevor wir nun die eigentlichen Urgesteins-Weindörfer am Hahnenkamm beehren, sollten wir noch einen Abstecher zum Rottenberger Gräfenstein machen, der unter der Ruine einer einstmals Rienecker Burg auf lößüberlagertem Rotliegendem gedeiht - einer Formation des Zechsteins. Den Rottenberger Gräfenstein Müller-Thurgau und Riesling wie auch Wasserloser Luhmännchen und Schloßberg bekommen wir beim »Wilddieb« in Mömbris zu Memscher (Mömbriser) Kartoffelsuppe und einer Frischlingskeule in Kräuterkruste.

Mömbris: Zum Wilddieb

Die Urgesteine vom Hahnenkamm bieten sich in den Weinbergslagen als tiefgründige, wasserdurchlässige und wärmespeichernde Hangschuttböden dar. Die grünlich-blauen Gneise und Glimmerschiefer von Hörstein und vom Wasserloser Luhmännchen und die grünlich-grauen Quarzitschiefer und Serizite vom Wasserloser Schloßberg und vom Michelbacher Apostelgarten sind die Rieslinglagen schlechthin.

Der zum Staatlichen Hofkeller gehörende Abtshof in Hörstein

Dies erkannte schon um die Jahrtausendwende Abt Behringer vom Kloster Seligenstadt, der die ersten Reben am heutigen Hörsteiner Abtsberg pflanzen ließ.

Zum 1783 errichteten barocken Abtshof zählte auch eine Schäferei mit 229 Schafen, deren Mist ausschließlich für die Weinbergsdüngung verwendet wurde. Die edlen Kloster-Rieslinge werden in unseren Tagen vom Staatlichen Hofkeller ausgebaut.

Hörstein: Staatlicher Hofkeller Würzburg, Winzergenossenschaft Hörstein

Hotel Käferberg, Weinstube Zur Traube

Auch **Wasserlos** zählte zum Einflußbereich des Seligenstädter Klosters und ist schon vom Ortsnamen her programmatisch für eine Winzergemeinde. Die schlanken und feinnervigen Rieslinge verkosten wir am be-

sten in der »Krone« oder in einer der zahlreichen Weinstuben, die die Zeit vergessen lassen:

Mancher Wein hielt uns des Abends wach
In den Stuben bei den kleinen Wirten,
Wo die Augen nach vergilbten Jägerbildern irrten
Wo die Fliegen schwarz im Lichte schwirrten,
Und wir saßen da und dachten nach:
Dachten an den Fluß der Knabenjahre,
Dachten an den Glanz der Mädchenhaare,
Dachten einfach an das Wunderbare.

Anton Schnack

Wasserlos: Friedel Simon, Christa Englerth

Hotel Krone, Weinstube Luhmännchen, Weinstube Simon

Michelbach mit seinem historischen und denkmalgeschützten Apostelgarten über dem Kahlgrund ist das letzte fränkisch-bayerische Bollwerk, das

schon weit ins nahe Hessen hinüberleuchtet und mit seinen berühmten Rieslingen auch schon mehr Hessen als Bayern zu ihren Wochenendausflügen anlockt.
Auch unter den Winzern gibt es einen Leuchtpunkt, geradeso wie ein besonders silbriges Quarzitschieferplättchen: Bernd Höfler läßt seinen Riesling-Kindern die Pflege angedeihen, die ihnen am meisten nottut, nämlich eine mindestens dreijährige Lagerzeit. Sie danken ihm diesen Luxus mit der klassischen feinen Fruchtfülle, die eben nur ein Urgesteinsboden zu entwickeln vermag.

Michelbach: Bernd Höfler, Armin Heilmann

Dörsthof, Hotel Herrnmühle,
Gasthof Zur Sonne

Die Traubenmadonna von Kälberau

Eine wunderbare Weinreise, auf der uns der Main ein treuer Begleiter war, ist nun zu Ende; vielleicht möchten wir nach so vielen schönen Stunden mit fränkischer Landschaft, Geschichte und dem Frankenwein Danke sagen: der schönste Platz dafür ist zu Füßen der alten gotischen Traubenmadonna von Kälberau in der modernen Wallfahrtskirche Hans Schädels.

Literaturverzeichnis

ALLEWELDT, G.: Der »konventionelle« und »ökologische« Weinbau aus der Sicht eines Rebenzüchters, Weinwirtschaft Anbau, 8/1990.

ANOYM: Geschichtliches aus Frankens Weinbau, in: Der Fränkische Weinbau - Organ des unterfränkischen Weinbau-Vereins, 1/1892.

ANOYM: Die ersten Stufen des Weinausbaus, Alles über Wein, 2/1985.

ANOYM: Geschichte der Glasherstellung im Spessart, Informationsschrift der SPESSART GLAS, Lohr, o. J.

BASSERMANN-JORDAN, F. von: Geschichte des Weinbaus, Frankfurt/M. 1907.

Bayerische Landesanstalt für Weinbau und Gartenbau: Weinwanderweg »Schloßberg und Leiste« an der Festung Marienberg Würzburg, Würzburg 1989.

Bayerisches Staatsministerium für Ernährung, Landwirtschaft und Forsten: 100 Jahre Flurbereinigung in Bayern 1886-1986, München 1986.

BREIDER, H.: Der Weinbau im Landschaftshaushalt, München 1967.

BRITTING, G.: Lob des Weines, Hamburg 1944.

BROMBIERSTÄUDL, A. (u. a.): Das fränkische Weinstädtchen Iphofen, Iphofen 1965.

EGLOFFSTEIN Graf von und zu, (u. a.): Franken, Kunstfahrten zwischen Main und Altmühl, München 1986.

FISCHER, J.C.: Der Fränkische Weinbau auf dem Felde und in dem Keller, Würzburg 1791.

Flurbereinigungsdirektion Würzburg: 1200 Jahre Weinbau in Würzburg, Würzburg o.J.

Flurbereinigungsdirektion Würzburg: Neuordnung der Weinlage »Nonnenberg« in Steinbach, Würzburg 1991.

GEKLE, D.: Der Wein in der Heilkunde, Würzburg 1992.

GRÄTER, C.: Das Taubertal, Amorbach 1972 ,

GRÄTER, C.: Unterwegs am Steigerwald, Würzburg 1972.

GRÄTER, C.: Unterwegs am Maindreieck, Würzburg 1974.

HAAS, H.: Originalmanuskripte: Der Pfülben, Randersacker 1985. Altfränkischer Weinberg, Randersacker 1986, Lebensraum Altfränkischer Weinberg, Randersacker 1988.

HEINEN, W.: Franken (Einzelband des Gesamtwerks Deutscher Wein), Trittenheim 1985.

HILLERMEIER, S.: Mittelfränkische Bocksbeutelstraße, Uffenheim 1990.

HOFMANN, U., KÖPFER, P. und WERNER, A.: Ökologischer Weinbau, Stuttgart 1995.

HÖLLERL, H.: Silvaner, Hecht und Ochsenbrust, Würzburg 1993.

HÖLLERL, H.: Kochkäs, Most und Wildschweinbraten, Würzburg 1995.

JUNG, H.: Traubenmadonnen und Weinheilige, Neustadt/W. 1971.

JÜNGER, E.: Annäherungen, Drogen und Rausch, Stuttgart 1970.

KITTEL, J.B. und BREIDER, H.: Das Buch vom Frankenwein, Würzburg 1974.

KITTEL, J.B.: Das Buch vom Frankenwein, Würzburg 1905.

KNOLL, R.: Kostbare Elixiere - Die großen Süßweine der Welt, in: Vinum 12/1988.

LUTZ, W.: Die Geschichte des Weinbaus in Würzburg im Mittelalter und in der Neuzeit bis 1800, Würzburg 1965.

MEISNER, M.: Mit Weinverstand durchs Frankenland, Würzburg 1976.

OPPMANN, M.: Der königliche Hofkeller zu Würzburg, Würzburg 1849.

REGNER, F.: Müller-Thurgau = Riesling x Gutedel, in: Der Deutsche Weinbau, 14/1996.

RICHTER, R.: 30 Jahre Weinbergsflurbereinigung in Franken, Fränkische Bocksbeutelkunde 70/1985.

RICHTER, R.: Landschaftsgestaltung und Weinbau im Wandel, Veitshöchheimer Weinbautage 1989.

RICHTER, R.: Erhaltung der durch den Weinbau geprägten Kulturlandschaften durch Maßnahmen der Landesentwicklung nach dem Flurbereinigungsgesetz in Bayern, Würzburg 1996.

RUTTE, E. und WILCZENSKI, N.: Mainfranken und Rhön, Berlin-Stuttgart 1983.

SCHMITT, A.: Aktuelle Weinanalytik, Schwäbisch-Hall 1983.

SCHMITT, A.: Ökologischer Weinbau, Schriftliche Hausarbeit für die Erste Staatsprüfung für das Lehramt an Gymnasien, Würzburg 1996.

SCHNACK, A.: Weinfahrt durch Franken, München 1964.

SCHNACK, F.: Der Wein ist des Menschen stiller Geist, Neustadt/W. o. J.

SCHOMANN, H.: Kunsthistorischer Wanderführer Bayern, Nördlich der Donau, Stuttgart-Zürich 1971.

Steiermärkische Landesregierung (Hrsg.): Weinkultur, Graz 1990.

STEIN, G.: Reise durch den deutschen Weingarten, München 1956.

Weinrecht der Europäischen Gemeinschaft, der Bundesrepublik Deutschland und der Bundesländer, Walhalla und Praetoria Verlag, Berlin-Bonn-Regensburg.

WEISENSEE, B.: Winzers Freud - Winzers Leid, Würzburg 1982.

WITTMANN, O.: Die Weinbergsböden Frankens, München 1966.

WORSCHECH, R. und WEISENSEE, B.: Weinland Franken, Würzburg 1985.
ZAUGG, H.: Der Wein, durchs Glas besehen, in: Vinum 11/1984.
Zeitungsausschnitte zum Thema Weinbergsflurbereinigung, aus Main-Post und Fränkisches Volksblatt aus den Jahren 1973 bis 1996, gesammelt von Herbert Haas, Randersacker.

Bildnachweis

Bayerische Landesanstalt für Weinbau und Gartenbau Würzburg-Veitshöchheim S. 18, 65, 70, 78; 58, 103 (J. V. Herrmann); 126, 127 (Georg Scheuerpflug); 100, 101 (Erna Schindler)

Bundesforschungsanstalt für Rebenzüchtung, Geilweilerhof (Pfalz) S. 157

Jannasch, Würzburg S. 35

Elmar Hahn, Veitshöchheim S. 91

Haus der Bayerischen Geschichte, München S. 114

Hans Heer, Würzburg S. 61

Heinrich Höllerl, Rieneck S. 14, 21, 25, 27, 36, 39, 44, 45, 47, 49, 51, 54, 56, 66, 67, 83, 86, 88, 135, 137, 139, 140, 141, 145, 147, 153, 154, 155, 156, 158, 159, 162, 165, 168, 170, 173, 176, 180, 181, 183, 184, 185, 186, 188, 190, 192, 193, 194, 196, 197, 198, 200, 207, 208, 209, 210, 211

Sebastian Höllerl, Rieneck S. 118

Kristallglasfabrik Spiegelau S. 110, 111

Martin von Wagner-Museum, Antikenabteilung, Würzburg S. 12, 30, 31

Mainfränkisches Museum, Würzburg S. 26

Elisabet Petersen, Würzburg S. 120, 136, 142, 143, 157, 161, 166, 171, 213

Prähistorische Staatssammlung, Museum für Vor- und Frühgeschichte (Manfred Eberlein), München S. 10

Weingut Johann Ruck, Iphofen S. 77

Werner Stuhler, Hergensweiler S. 24

Universitätsbibliothek Würzburg S. 33

Stadt Zeil am Main S. 40/41

Norbert Zentgraf, Hain S. 5, 43, 150, 201, 203

Vorsatz: © Gebietsweinwerbung Frankenwein – Frankenland GmbH, Würzburg / Weigang Marketing Partner GmbH, Würzburg

Nachsatz: Rudolf Riegel nach: Lutz, W.: Die Geschichte des Weinbaus in Würzburg im Mittelalter und in der Neuzeit bis 1800, Würzburg 1965

Sachregister

Abfüllbetrieb 86, 87
Abfüllnummer 89
Abfüllort 89
Abfüllung 80, 85
Alkohol 72, 74, **76**, 96, 98, 99 ff, 109
Alkoholgehalt 73, 74, 101
Alkoholische Gärung 69, 75 ff, 103
Alterung 84
Alterungspotential 70, 80, 98
Amtliche Prüfungsnummer 89, 90
Amtliche Qualitätsweinprüfung 89, 90
Analysenwerte 73, 96, 100
Anbau 87
Anbaugebiet 89, 128
Anreicherung 74, 95
Apfelsäure 96, 97
Aroma, Aromastoffe 60, 106, 111, 115
Ausbau 78, 88, 104
Auslese 66, 68, 73, 98, 100
Ausschank des Weines 120

Bacchus 60, 76, 81, 97, **125**
Bacchus s. Dionysos
Barrique 83, 84
Beerenauslese 66, 73, 98, 104
Begrünung 53, 55
Begrünungsmaßnahmen 53
Behandlung des Weines 56, 57
Beurteilung des Weines 90, 92, 110
Bewertung des Weines 90, 92
Bezeichnungsvorschriften 87, 98
Bezugsquellen für Frankenwein 136
Bibel und Wein 11
Biotope 47
Bitzler 76
Bocksbeutel 85, 86, 113, 119
Bodenbearbeitung 94
Bodenbeschaffenheit 66
Bodensatz 115
Botrytis cinerea 100, 103
Botrytiswein 97, 101, 103
Brauser 76
Breider, Hans 9
Bremser 75, 76
brut 100
Bukett 76, 125
Buntsandstein 10, 135, 196
Bürgerspital 84, 171, 172
Burgunderarten 97, 104

Charakterisierung von Wein 93
Chemische Analyse 73, 96, 100

Degen, Alberich 128
Dekantieren 115
Deutsches Weinsiegel 92

Diabetikerwein 98
Dionysos 11, 23, 24, 34
Domäne 87
Domherr 68
Domina 133
Dornfelder 133
Drehverschluß 85, 119
Düngung 55, 94

Ebrach 140, 160
Edelfäule 61, 88, 94, **102** ff
Edelfäulepilz 100, 102
Edelstahlbehältnis 83
Eichenholzfaß 83
Eiswein 61, 73, 98
Elbling 14, 48, 62, 134
Englerth, Sebastian 20, 48
Erzeugerbetrieb 87, 92
Erzeugergemeinschaft 22
Essigbakterien 75
Etikett 87, 89

Farbe des Weines 69, 92, 94, 110
Farbstoffe 22, 61, 69, 95
Faß 82 ff
Federweißer 75, **76**
Filtration 78
Flasche, Flaschenform 85, 86
Flaschenausstattung 87
Flaschenfüllung 80, 85
Flascheninhalt 80
Flaschenkork 117 ff
Flaschenlager 106, 107
Flaschenverschluß 106, 117, 119
Flaschenwein 119
Flurbereinigung 22, 38, **39** ff
Frankenapostel 11, 34, 167
Frankenrotweine 132
fränkisch trocken 99, 101
Fränkische Weinbaugeschichte 167
Fränkischer Weinbau 13, 22, 39
Fruchtsäuren 60, 96, 97, 101
Fruchtzucker 60, 95, 98
Frühburgunder 133
Fuder 83
Fungizide 48
Fuselöle 76

Gärbehälter 83
Gärkeller 77
Gärung **75**, 98, 99, 103
Genanalyse 128, 132
Geographische Herkunftsangaben 87, 92
Geographische Herkünfte 87
Gerbstoffe 28, 70, 80, 84, 95, 115
Geruch, Geruchsnoten 76, 86, **92**, 110

Geschmack 76, 86, 92, 110
Geschmacksangaben 87
Geschmacksbeurteilung 90 ff, 98
Geschmacksbezeichnung 89, **99** ff, 129
Geschmacksbild 97, 98, 118
Geschmacksharmonie 98
Geschmacksnoten 84, 93
Geschmacksprüfung 84, 90 ff
Geschmacksqualität 76, 82, 97, 108
Geschmacksreife 80
Geschmacksstoffe 76, 124
Glas, Glasherstellung 85, **109** ff
Glas und Wein 92, 111
Glycerin 76, 103
Götter, altrömische 128
Grad Oechsle 72, 73, **95**
Grauer Burgunder 81, **125**
Großlagen 23
Gutedel 62, 124, 134
Gütemerkmale 92
Gütezeichen 90

halbtrocken 98, 99 ff
Haltbarkeit 98
Harmonie 92, 111
Haßbergewein 138
Heckenwirtschaft 120 ff
Hefen **75,** 98, 99
Hektarertrag 15, 54
Herbst, Herbstwitterung 61
Herkunftsangabe 87
Hofkeller, Staatlicher 20, 71, 84, 104, 171, 172
Höhere Alkohole 76, 77
Holz fürs Faß 84
Holzfaß 80, 82 ff
Huxelrebe 134

Inhaltsstoffe von Most und Wein 60 ff, 95, 103

Jahrgang 81
Jahrgangsqualität 106
Jahreswitterung 94, 96
Juliusspital 84, 171, 172
Jungwein 78

Kabinett 73, 74, 87
Kapsel 87, 107
Kartause - Astheim 157
Kelterhaus, Kelterung 69
Kellermeister 79, 80, 84, 95
Kerner 81, **125**
Keuper 10, 135
Keuperwein 138, 144
Kilian, Kolonat, Totnan 11, 34, 167
Kirchenburgen 146
Kittel, Josef Balduin 9
Klärung des Weines 80
Kleinklima 62, 129
Klosterneuburger Mostgrade 96
Kohlensäure **77,** 106

Kork, Korkbrand 107, **177** ff
Korkenzieher 108, 115
Korkgeschmack, Korkschmecker 117 ff
Kristallausscheidungen 97
Kronenkork 85, 119
Kunststoffbehälter 83

Lagerbehälter 82 ff
Lagerfähigkeit 80, 81, 95
Lagerung des Weines 78, 81, 83, 107
Landschaftsschutz 50
Landwein 72
Laubarbeit 56
Lese, Lesezeitpunkt 65, 68, 94
Lesegut 66 ff
Letzte Fuhre 68
lieblich 98, 99
Likörwein 101

Maischegärung 69
Medaille, Weinauszeichnung 92
Mehrwegbehältnis 85
Mengenertrag 15, 54, 125
Mikroorganismen 75, 78, 82, 103, 118
Mineralstoffe im Wein 95, 97
Mischsatz 133
Most 69, **75,** 101
Mostgewicht 72, **95,** 99
Müller-Thurgau 21, 60, 81, 97, **123**
Müller-Thurgau, Hermann 103, 123
Münze gegen die Pest 26
Muschelkalk, Muschelkalkwein 10, 135, 152
Muskat-Ottonel 134

Naturkork 85, 117 ff
Naturnaher Weinbau 48, 56, 59
Neuzüchtungen 123, 132, 134

Oechsle, Ferdinand 96
Oechslegrade 48, 72, 73, **95**
Ökologie 52, 53, 59
Ökologischer Weinbau 48, 52 ff
Okonomie 52 ff
Ökosystem Weinberg 54, 58
Ortega 97, 125
Österreichrebe 128

Perle 97, 134
Pflanzenkrankheiten 54, 56, 59
Pflanzenschutz 53, 56
Pflanzenschutzmaßnahmen 56, 104
Pfropfreben 57
Phenolverbindungen 28
Pheromone 58
Portugieser 133
Prädikatswein 73, 97, 106
Preßkork 119
Probierstube 90

Qualitätsstufen 88, 90, 99, 108

Qualitätseinstufung 72, 73
Qualitätskriterien 92, 98
Qualitätswein 73, 85
Qualitätswein mit Prädikat 73, 85, 90
Qualitätsweinprüfung 73

Rebenblüte 94
Rebenerziehung 20
Reblaus 21, 57, 59
Rebschnitt 94
Rebsorten 57, 62, 80, 88, 97, 123 ff
Rebsortenangabe am Etikett 88
Refraktometer 96
Reife der Trauben 67, 96
Reifeindikatoren 94 ff
Reinzuchthefe 75
Restsüße 98 ff
Rieslaner 81, 97, 104, 132
Riesling 20, 60, 76, 81, 97, 104, 129
Roséwein 73, 89, 108
Rotling 73, 108
Rotwein 61, **69,** 73, 84, 94, 98, 115
Rotweinbereitung 69
Rotweintrauben 69, 95, 132, 133

Säkularisation 15
Säure von Most und Wein 60, 94, **96,** 101, 103
Sauser 76
Schaumwein 85, 106
Schenkungsurkunde Hammelburg 13
Schädlinge 54 ff
Scheurebe 76, 81, 104, **132**
Schillerwein 74, 108
Schimmelpilze 75
Schraubverschluß 119
Schwarzklävner 19
Schwarzriesling 133
Schwefel, Schwefelung 79
Sekt 100, 106, 107
Silvaner 18, 20, 60, 76, 97, 104, **128,** 159
Spätburgunder 60, **133**
Spätlese 66, 72, 73, 106
Spessartglas 112
Staatlicher Hofkeller 20, 71, 84, 104, 171, 172
Steigerwald 138
Straußenwirtschaft 120
Strohwein 72, 101
Stückfaß 83
Süße, Süßung 98 ff, 103

Tafeltrauben 60
Tafelwein 72, 74, 85
Tank 80, 84
Tauberschwarz 18, 48
Tilman Riemenschneider 153, 172, 194
Traminer 19. 60, 76, 81, **128, 129**
Traubenausdünnung 94
Traubenlese 65, 68, 102
Traubenmaische 69, 70
Traubenmadonnen 37, 211
Traubenmost 95 ff, 99
Traubenreife 60 ff, 94
Traubensorte 65, 123 ff
Traubenvollernter 67
Traubenzucker 60, 95, 98
Trester 55, 71
Trinkgefäße 109 ff, 112, 113
Trinktemperatur 108
trocken 89, 98, 99
Trockenbeerenauslese 66, 73, **100,** 104
Trollinger 18, 48

Urban 34
Urgestein 135, 206

Veitshöchheim 20, 35, 176, 177
Verbrauchergewohnheit 106
Vergärung 69, **75** ff, 103
Verkostung 90 ff
Versuchsanbau 124

Weinart 73, 74, 90
Weinausbau 82 ff
Weinbaubetrieb 87
Weintradition in Franken 13, 14, 161
Weinbereitung 82 ff, 103
Weinbergslage 62 ff, 81, 87
Weinbewertung 90 ff
Weinflaschen 85
Weingenuß 25, 28, 29, 111
Weinheilige 33
Wein in der Medizin 25 ff
Weinkeller 77, 107 ff
Weinlagerung 107
Weinlese 65 ff
Weinprobe 18, 107 ff
Weinprüfung 90 ff
Weinsäure 96, 97
Weinsiegel 92
Weinstein 97, 116
Wein und Essig 109
Wein und Glas 109, 111, 112
Wein- und Wirtshaustips 136 ff
Weinverbrauch 28
Weinwanderweg 21, 201
Weißburgunder 81, **132**
Weißherbst 69, 73, 74
Winzer 62, 65, 89, 94, 120
Winzergenossenschaft 22
Wirtshäuser 136 ff
Witterung 53, 55, 61, 94, 103
Würzburger Innere Leiste 21, 170
Würzburger Stein 129, 167
Würzburger Weinlagen 167 ff, Nachsatz-Karte

Zuckergehalt der Trauben 72, 95, 96
Zucker-Säure-Verhältnis 104

Die Autoren

Dr. Ing. Alfred Schmitt

Im schlechten Weinjahr 1936 in Würzburg geboren, verheiratet und Vater einer Tochter und eines Sohnes. Gymnasium und Abitur im mittelfränkischen Scheinfeld, Studium der Fachrichtung Brauwesen und Getränketechnologie an der Technischen Universität München-Weihenstephan 1958–1962.
Seit 1963 an der Bayerischen Landesanstalt für Weinbau und Gartenbau in Würzburg und Veitshöchheim, Promotion 1971 mit einem Thema über Frankenwein. Seit 1975 Leiter der Abteilung Kellerwirtschaft und Untersuchungswesen in Veitshöchheim. Spezialgebiet Weinanalytik, Verfasser eines 1983 erschienenen gleichnamigen Fachbuches. Weit über hundert wissenschaftliche Publikationen auf dem Gebiet der Weinanalytik, der Kellerwirtschaft und der Weinbehandlung. Mitglied mehrerer Fachgremien, so des Bundesausschusses für Weinforschung, des Forschungsrings des Deutschen Weinbau (dort von 1988 bis 2000 Leitung des Arbeitskreises Kellerwirtschaft und Weinbehandlung) und des Arbeitskreises Kellerwirtschaft sowie des Fachbeirates beim Fränkischen Weinbauverband; Fachverkoster bei der Wein- und Sektprämierung auf Landes- und Bundesebene, bei der amtlichen Qualitätsweinprüfung sowie der Prämierung fränkischer Branntweine.
Fachlehrer an der Staatlichen Fach- und Technikerschule der Bayerischen Landesanstalt in Veitshöchheim. Wohnhaft in Höchberg an der romantischen Straße.

Heinrich Höllerl

Geboren im ebenso mäßigen Weinjahrgang 1944 in der Freien Reichsstadt Augsburg, obwohl am Schliersee zuhause.
Besuch des humanistischen Gymnasiums St. Stephan in Augsburg, nach dem Abitur Rückkehr in die eigentliche Heimat Neuhaus am Schliersee. Studium der Forstwissenschaft in München, nach dem 2. Staatsexamen im höheren Forstdienst in Unterfranken tätig, unter anderem in Eltmann, Königsberg, Würzburg, Gräfendorf und Burgsinn. Im Jahre 1989 Sprung aus der sozialen Hängematte und seither selbständig tätig als Geschäftsführer und Komplementär der Höllerl + Partner Forstberatungs- und Holzhandelsgesellschaft KG. Wohnhaft in Rieneck, verheiratet, zwei Söhne.
Verfasser bzw. Mitautor von insgesamt 12 Büchern zu den Themen Natur, Wandern, Fahrradfahren und Leben in Mainfranken; z. Zt. ist der dritte Band einer fränkischen Wirtshausreihe in Arbeit. Langjähriger freier Mitarbeiter der bayerischen Kunstzeitschrift Charivari.

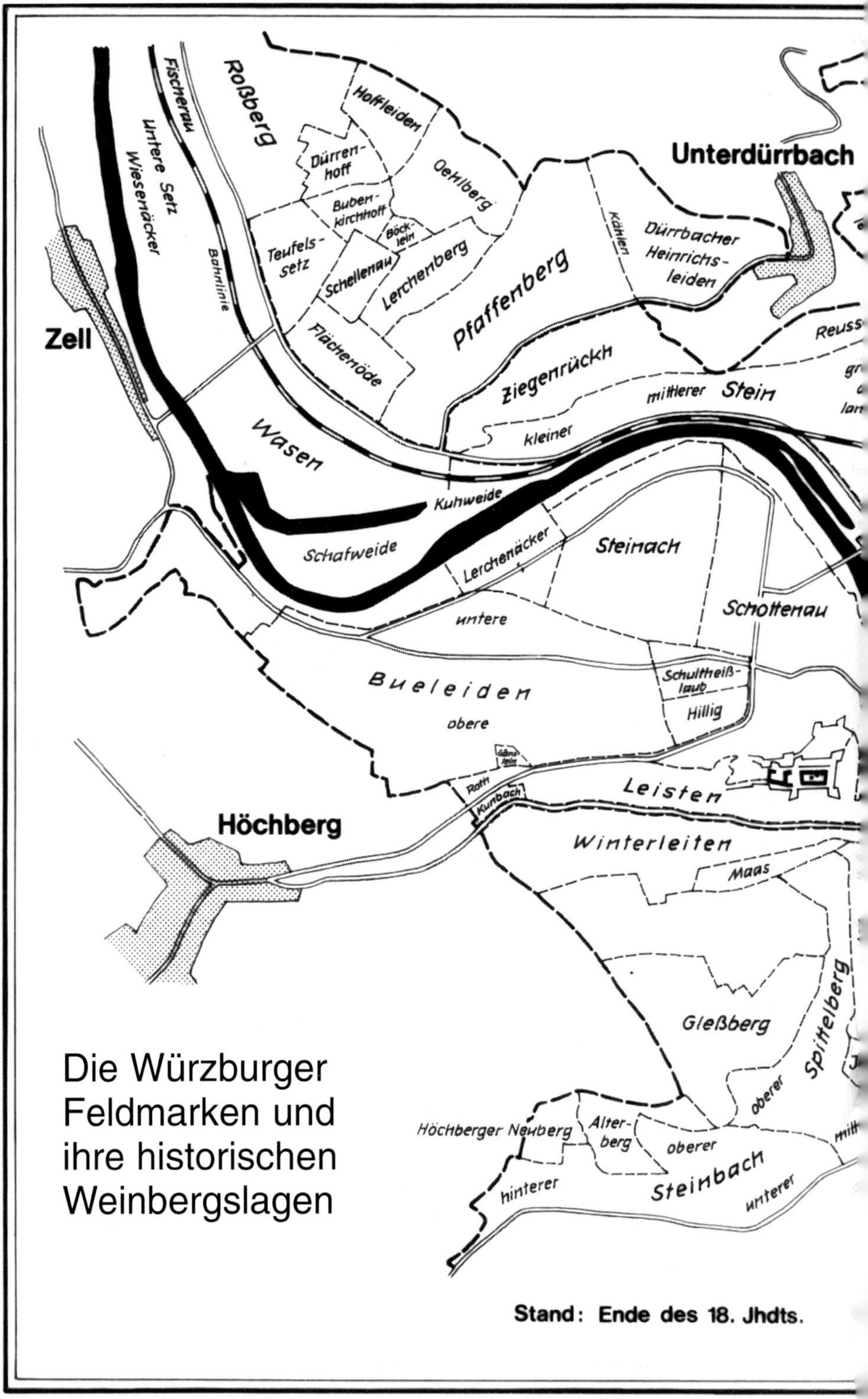

Die Würzburger Feldmarken und ihre historischen Weinbergslagen